O SOFRIMENTO ROUBOU MINHA FÉ

ISMAEL SOBRINHO

AUTOR DE **PSIQUIATRIA E JESUS**

O SOFRIMENTO ROUBOU MINHA FÉ

A dor à luz da psiquiatria e das Escrituras

Copyright ©2025, Ismael Sobrinho. Todos os direitos reservados.

Todos os direitos desta publicação são reservados por Vida Melhor Editora Ltda.

Nenhuma parte desta obra pode ser apropriada e escotada em sistema de banco de dados ou processo similar, em qualquer formar ou meio, seja eletrônico, de fotocópia, gravação etc., sem a permissão dos detentores do copyright.

As citações bíblicas sao da Nova Versão Internacinal (NVI), da Bíblica, Inc., e menos que seja especificada uma outra versão da Bíblia Sagrada.

Produção editorial	*Águia Editorial*
Copidesque	*Gisele Romão da Cruz*
Revisão	*Bruna Gomes, Caroline Larrúbia*
Diagramação	*Neriel Lopez*
Capa	*Rafael Brum*

Dados Internacionais de Catalogação na Publicação (CIP)
(BENITEZ Catalogação Ass. Editorial, MS, Brasil)

I83
1.ed.
    Ismael Sobrinho
      O sofrimento roubou minha fé / Ismael Sobrinho. – 1.ed. –
    Rio de Janeiro : Thomas Nelson Brasil, 2025.
    160 p.; 13,5 x 20,8 cm.

    ISBN 978-65-5217-295-2

    1. Aconselhamento pastoral. 2. Fé(Cristianismo).
3. Luto – Aspectos religiosos – Cristianismo.
4. Psicologia comportamental – Aspectos religiosos. I. Título.

02-2025/127   CDD 248.866

Índice para catálogo sistemático
1. Luto : Aspectos religiosos : Cristianismo   248.866
Aline Graziele Benitez – Bibliotecária - CRB-1/3129

Os pontos de vista desta obra são de responsabilidade de seus autores e colaboradores diretos, não refletindo necessariamnete a posição da Thomas Nelson Brasil, da HarperCollins Christian Publishing e ou de suas equipes editoriais.

Thomas Nelson Brasil é uma marca licenciada à Vida Melhor Editora Ltda.
Todos os direitos reservados à Vida Melhor Editora Ltda.

Rua da Quitanda, 86, sala 218 — Centro,
Rio de Janeiro — RJ — CEP 20091-005 - Tel.: (21) 3175-1030
www.thomasnelson.com.br

Dedicatória
A José Carlos, Karina, Sérgio e Patrícia,
por serem companheiros sempre presentes
em minhas jornadas de sofrimento.

SUMÁRIO

Prefácio por Jeremias Pereira   8

Introdução: Por que devemos falar sobre o sofrimento
e a fé insuficiente?   11

1. Reflexões e orações honestas durante o sofrimento   13

2. Não há método ou receitas prontas para viver o sofrimento   19

3. Quando a fé não é suficiente e a angústia não é psiquiátrica   30

4. O sofrimento psiquiátrico e a dificuldade de trazer
à memória o que traz esperança   40

5. O mistério do sofrimento: lidando com o "por quê"   52

6. O duro conflito entre fé e emoções durante o sofrimento   65

7. Causas do sofrimento   78

8. A dor de Cristo: um modelo de fé e emoções intensas
no sofrimento   90

9. Prepare-se! Seu futuro terá uma mente imune ao sofrimento   103

10. O sofrimento como escola de treinamento emocional
e espiritual   115

11. Psicologia positiva como ajuda durante o sofrimento   125

Considerações finais: Cegueiras religiosas e psiquiátricas
ao longo da jornada de sofrimento   146

PREFÁCIO

Há varias maneiras de honrar e elevar uma pessoa.

Recebi com muita honra o convite do **dr. Ismael Sobrinho** para prefaciar seu livro *O sofrimento roubou minha fé.*

Ismael Sobrinho é um santo homem. Ele carrega em si o amor por Jesus Cristo, nosso Senhor, como fruto do novo nascimento ocorrido em sua juventude. Ele é um dedicado intercessor. Conhece o lugar secreto da comunhão com Cristo e com o Espírito Santo. Gosta de orar e procura ter amizade com quem ora, de modo específico, com aquelas mães de oração; muitas delas são pouco letradas, mas profundas conhecedoras do trono da graça.

É um ledo exponencial em todas as áreas. Sabe muito, gente boa. É um estudioso da Bíblia como poucos que conheço. É um pregador da Palavra que traz a verdade bíblica para iluminar o entendimento dos que o escutam diante das contradições e dos paradoxos do dia a dia. É enfático sobre a graça, a bondade, a misericórdia e a certeza que a Palavra de Deus é luz para nosso caminho. É um esposo dedicado, empolgado com seu casamento e com sua esposa. É um pai extremoso, presente, bem-humorado.

É um psiquiatra competente, reconhecido entre seus pares como homem de destaque. Tem uma multiforme experiência médica na lida com doenças da mente e da emoção de cristãos e não cristãos. Ele é um amigo amoroso, com prosa boa, divertida, eloquente, como você verá no livro. É um irmão na fé que ama o povo e a Igreja de Deus. Um cristão de Cristo, que não se encaixa nas "caxinhas" de um ou de outro, e é isso que me faz ver a beleza da graça de Deus fluir por seu intermédio. Tenho visto nele, apesar da limitação humana, aquele compromisso de ser servo do Senhor, servo dos irmãos e do próximo.

O livro que apresento é empolgante. Uma conversa leve, profunda, intensa, confrontadora. Ismael Sobrinho, aos poucos, vai quebrando os mitos e as mentiras do pano de fundo de muitos evangélicos e não evangélicos como: "Pare de sofrer"; "Não sofra mais"; "Se você falar o positivo, sua vida mudará"; "Você sofre porque sua fé é fraca"; "Você sofre porque não sabe orar"; "Acabe com o sofrimento aprendendo a determinar"; "Passos para uma vida sem sofrimento"; "Por que eu?". Essas e outras expressões

PREFÁCIO 9

simplistas sobre a dor e o sofrimento esboroam diante da pena de **Ismael Sobrinho**, tanto pela argumentação bíblica como pelos testemunhos apresentados. Como ele diz: "No consultório de um psiquiatra, não há teologia da prosperidade, confissão positiva ou teologia *coaching* que resista uma semana".

O leitor vai saborear neste livro uma abordagem bíblica e teológica de quem estuda, respeita e ama as Escrituras. **Sobrinho** mostra a vida de grandes sofredores da Bíblia, que choraram, questionaram, desabafaram, desabaram, clamaram e, ao mesmo tempo, viveram com fé e esperança em Deus, apesar das perguntas dificílimas, muitas delas sem respostas, e dos tempos atrozes. Eles viveram em fé no ambiente da dor e da alegria.

É neste ambiente que você também já viveu, caro leitor, e viverá pelo resto dos seus dias até que Cristo venha e instaure para sempre o seu Reino de Justiça e paz, com o novo céus e a nova terra. Que capítulos extraordinários sobre o significado da cruz, o significado da esperança viva em Cristo e a realidade da restauração do novo céu e da nova terra. É para ler várias vezes e glorificar de pé.

As histórias verdadeiras e contemporâneas relatadas nos emocionam, aliviam, trazem esperança e descanso e fortalecem nossa perseverança na jornada da fé em Cristo. Histórias do autor, de amigos, pacientes, companheiros de jornada, com testemunhos exuberantes, reais, sem fingimentos e forjados no chão da vida de quem sofre e lida com as consequências do pecado, de uma cultura anti-Deus e dos ataques do Diabo, o inimigo de Deus. As histórias vívidas levarão cada leitor a perceber a si mesmo como "normal"; e que "viver é perigoso" (Guimarães Rosa) e que "a vida muitas vezes nos puxa para baixo" (Max Lucado). Contudo, a graça de Deus nos levanta e nos fortalece em meio às aflições mais comuns e também às mais dolorosas da vida.

Há ainda dois aspectos que desejo ressaltar.

O primeiro são os espaços para o leitor parar, pensar e escrever. É um chamado à interação e ao dialogo com o autor, consigo mesmo, com a Palavra de Deus e com Deus. Sugiro que você não pule essas páginas. O segundo são as orações escritas. O leitor verá que as orações, ao mesmo tempo que estão profundamente enraizadas na Palavra, revelam o coração do autor e nos animam a orar como se fossem nossas próprias orações.

Recomendo o livro *O sofrimento roubou minha fé*. Recebi acolhimento durante a leitura em meio as minhas próprias dores e meus sofreres. Fui confortado, repreendido, encorajado, tratado, instruído, desafiado e despertado para viver cheio de fé e de esperança em Cristo, nosso Senhor, a esperança viva. Tenho certeza que a leitura fará bem a você, responderá muitas perguntas e despertará outras, e o levará a conhecer mais e mais a Palavra de Deus e, principalmente, o Deus da Palavra.

Oro para que Ismael Sobrinho floresça e frutifique em tudo para que sua boa influência como médico, irmão, pregador e escritor alcance gerações e nações.

Jeremias Pereira,
Pastor da Oitava Igreja Presbiteriana,
escritor e conferencista

INTRODUÇÃO

Por que devemos falar sobre o sofrimento e a fé insuficiente?

Você já sentiu que sua fé é ou foi insuficiente? Já teve a sensação de que todos ao seu redor vivem em constante felicidade enquanto você luta para encontrar alegria? Talvez, em momentos de dor, você tenha questionado a justiça de Deus e se perguntado por que alguns parecem sofrer mais que outros. A incompreensão do sofrimento pode ser avassaladora e nos deixar confusos sobre quando buscar ajuda espiritual ou psiquiátrica.

Vivemos em uma cultura que frequentemente nega a dor e o sofrimento, uma vez que promove uma busca incessante por soluções rápidas que prometem sucesso e bem-estar. Muitas vezes, o evangelho pregado hoje foge da dor, oferecendo promessas de prosperidade e felicidade contínuas, de tal maneira a nos desviar da realidade inevitável do sofrimento humano. No entanto, as Escrituras nos ensinam que o sofrimento é parte da experiência cristã, pois serve a propósitos do Senhor que muitas vezes estão além da nossa compreensão. Sofrer é, sim, um caminho inevitável ao longo da vida.

Este livro é um convite para você pensar fora da caixa e compreender que o verdadeiro evangelho nos faz ver o sofrimento muito além dos discursos prontos. Não é destinado a quem se considera forte na fé, inabalável em suas convicções, ou a quem pensa que nunca irá oscilar durante a vida. Pelo contrário, é para os fracos, os cansados, os imperfeitos; para quem tem dúvidas, não todas as respostas.

Minha intenção é fazer com que você compreenda o sofrimento de maneira mais sóbria e bíblica. Para tanto, ofereço reflexões para todos que desejam entender como Deus se relaciona conosco durante a dor.

Ao final desta jornada, espero que você perceba que sua fé, embora aparentemente frágil, é mais forte do que imagina. Além disso, este livro oferece ferramentas práticas para lidar com o sofrimento, unindo conceitos de psiquiatria e saúde mental para auxiliar você nesta jornada, com uma visão equilibrada.

Como nos meus outros livros, a psiquiatria e a Bíblia vão caminhar lado a lado. Ao longo dos capítulos, exploraremos estratégias que integram princípios bíblicos e conhecimentos da saúde mental, para proporcionar uma abordagem integrativa para enfrentar as dificuldades da vida. Acredito que, ao compreender esses ensinos, você experimentará uma transformação significativa em sua vida espiritual e encontrará força e esperança até mesmo quando enfrentar a dor.

Convido você a embarcar nesta jornada de reflexão, reconhecendo que o sofrimento é uma parte inevitável da vida, mas que não precisa ser sem propósito. Ao enfrentar as dificuldades, podemos escolher confiar em Deus, buscar seu consolo e aprender com as experiências que nos moldam.

É estatisticamente improvável que Deus use alguém que nunca tenha sofrido amplamente com alguma dor. Chegou a hora de começar nossa jornada de fé e psiquiatria diante do sofrimento.

1

Reflexões e orações honestas durante o sofrimento

Estou cansado de tanto gemer.
Ao longo da noite inundo a cama com o meu pranto;
de lágrimas encharco o meu leito.
Os meus olhos se consomem de tristeza;
fraquejam por causa de todos os meus adversários.
(Salmos 6:6-7)

Aquele que, pela fé, abandona tudo e se entrega a Deus, mantém o que há de mais elevado. No entanto, ele só descobre isso ao perder tudo no sofrimento.

— Søren Kierkegaard (*Temor e tremor*)

Ao longo dos meus vinte anos de profissão na medicina psiquiátrica, pude acompanhar várias histórias de cristãos fiéis que sofreram muito; inclusive, há alguns relatos reais no decorrer deste livro. Para diversas pessoas, este livro poderá ser angustiante ou até chocante em alguns momentos. Contudo, é impossível não falar da dor e do sofrimento nas comunidades cristãs, pois o assunto é urgente e necessário.

O ano de 2024 foi especialmente confrontador em relação a esse tema. Atendi muitos pacientes com histórias de vida extremamente sofridas, para os quais as respostas plastificadas e os jargões de fé pouco cooperaram, uma vez que, nos momentos de dor, Deus parecia estar distante ou em total silêncio.

Os relatos foram diversos: filhos jovens atropelados, pais de recém-nascidos com doenças genéticas graves, jovens com câncer, infartos fulminantes em pais de crianças pequenas, além de uma diversidade enorme de temas que abarcam o sofrimento. Fui confrontado pela dor de maneira muito mais intensa do que nos anos anteriores. Não sei qual foi o motivo dessa escalada de sofrimento, mas 2024 foi o ano em que mais aprendi sobre o assunto de maneira prática.

Eu mesmo experimentei muitos sofrimentos que me levaram a sentir dores físicas e emocionais intensas nos últimos anos. Desse modo, pude não apenas estudar ou aprender sobre o sofrimento na perspectiva dos outros, mas também conhecê-lo por meio de minha própria história, que me conduziu a buscar respostas mais humildes para a dor de tantos que cruzam o meu caminho.

Muitas são as perguntas feitas pelos pacientes que enfrentam a dor: "Onde está Deus?", "Por que ele permite que coisas ruins aconteçam a pessoas aparentemente boas?", "Por que logo eu fui 'premiado' com um filho doente/ atípico/ com alguma síndrome?", "Por que tive câncer se não tinha nenhum hábito que me fizesse adoecer?" Escuto perguntas como essas toda semana em meu consultório de psiquiatria e tenho a percepção de que a maioria das comunidades cristãs estão pouco interessadas no assunto.

O consultório de um psiquiatra é, de fato, o cemitério da ideia simplista de que o justo não sofre. Não há teologia da prosperidade, nem da confissão positiva, tampouco "teologia coaching" que resista a uma semana de consultório psiquiátrico. Ser psiquiatra é ser confrontado com a dor quase diariamente.

Preciso lembrá-lo de que, em algum momento da sua vida, a dor baterá à sua porta, se é que já não o fez, e, caso você não tenha princípios de fé cristã saudáveis, o sofrimento físico, emocional ou espiritual será muito mais intenso. Obviamente, oferecer respostas às situações negativas da vida não é fácil. Entretanto, é necessário refletir com honestidade e buscar práticas para que, diante da dor e do sofrimento, encontremos nas Escrituras e nos cuidados de saúde mental auxílios eficazes e consoladores.

PRÁTICA 1
EXERCÍCIO DE REFLEXÃO

Você já passou por um sofrimento que confrontou sua fé?

Seja luto, seja perda ou enfermidade, algo fez você duvidar até da existência de Deus?

Em algum momento, você teve a sensação de que sua fé não seria suficiente?

PRÁTICA 2
ORAÇÕES HONESTAS PARA SEREM FEITAS DURANTE A DOR E O SOFRIMENTO

Nos momentos em que a felicidade não vem e o sofrimento bate à sua porta, que tipo de oração você faz a Deus?

Apresento, a seguir, cinco modelos de oração que um cristão em sofrimento costuma fazer. Avalie se você se identifica com algum deles. Use o tempo de leitura para, caso esteja passando por uma dor, fazer a oração mais adequada em rendição ao Senhor.

1. Oração pela presença de Deus no meio da dor e do deserto
Senhor, onde tu estás? Meu coração está cansado, minha alma parece vazia. Não consigo sentir tua presença. As pessoas dizem que tu estás perto, mas tudo o que sinto é vazio e tristeza. Será que tu me abandonaste? Ou será que minha fé é pequena demais para te perceber? Sei que tua Palavra promete que tu nunca nos deixarás, mas, honestamente, eu não tenho conseguido crer. Ajuda-me a crer no que os meus olhos não veem, porque agora estou perdido na minha dor. Mostra-me que ainda estás comigo, mesmo quando não consigo te sentir.

2. Pedido de revelação e consolo

Pai, não entendo o motivo deste sofrimento. Nada parece ter sentido; é tão doloroso e, às vezes, cruel. Se tens um propósito, por favor, peço que tu o reveles a mim ou, pelo menos, me dês forças para suportar o que não consigo compreender. Sinto-me como Jó, questionando-te, mas ainda me agarrando, mesmo que por um fio, à esperança de que tu és bom. Envia o teu Espírito para trazer consolo, porque meu coração está arruinado e minha mente não consegue descansar.

3. Confissão de dúvidas e fraqueza

Deus, sei que devo confiar em ti, mas tenho falhado nisso. Minha fé parece tão fraca e tão pequena diante desta dor tão grande. Estou cheio de dúvidas e medo. Peço que tu me perdoes por questionar a tua bondade e soberania, mas é o que sinto neste momento. Minha fé está esfarelada. Segura-me, Senhor, mesmo quando eu não consigo mais me firmar em ti.

4. Oração por esperança

Senhor, preciso da tua graça. Não consigo mais avançar sozinho nem ter fé suficiente. O sofrimento tem sido doloroso demais para mim. Dá-me esperança, pois só encontro desespero. Ajuda-me a me lembrar das tuas promessas, mesmo quando tudo ao meu redor parece contradizê-las. Renova-me, Pai, porque estou esgotado.

5. Clamor por restauração da fé

Ó Deus, eu te busco com meu coração cansado, ferido e magoado. Não entenda minha honestidade como um sinal de que não te amo. Eu te amo, Senhor, mesmo sem compreender teus caminhos. Peço que tu restaures em mim a alegria da salvação. Renova minha confiança em teu amor e em teu plano, mesmo quando tudo ao meu redor diz para não acreditar.

Você se identificou com alguma das orações apresentadas? Caso sua resposta seja "sim", indico que ore novamente as que mais tocaram seu coração. Tenha em mente que este livro não é para os cristãos fortes, empoderados ou cheios de fé (embora possa ser útil para eles no futuro). Este é um livro para aqueles que estão com o sofrimento batendo à sua porta, com o coração cansado, triste ou ferido.

Obviamente, você não terá todas as respostas de que precisa neste livro, porque eu também sigo em busca de muitas delas. Entretanto, compartilharei histórias de fracassos, dúvidas e crises de fé que talvez gerem conexão com você em algum grau. Espero que, por meio deste livro, sua fé seja fortalecida.

Talvez existam pessoas com um nível de maturidade espiritual tão grande que o sofrimento já não as afete tanto. Ou talvez alguns já tenham sofrido tanto que se tornaram mais resilientes emocional e espiritualmente diante das dores existenciais.

Sei que tiramos muitos ensinamentos do sofrimento, sim, e que podemos ficar cada vez mais imunes aos seus efeitos. A realidade da maioria dos cristãos que conheço, porém, não é essa. Eu, por exemplo, sigo angustiado e sofrendo com inúmeras perguntas difíceis. Sou tomado constantemente por sensações e sentimentos de que minha fé não é suficiente para tudo que tenho de viver. Falaremos sobre isso no capítulo seguinte. Antes, quero propor a você mais um exercício.

PRÁTICA 3
MEDITE EM SALMOS 13

Até quando, Senhor? Para sempre te esquecerás de mim?
Até quando esconderás de mim o teu rosto?
Até quando terei inquietações no íntimo
e tristeza no coração dia após dia?
Até quando o meu inimigo triunfará sobre mim?
Olha para mim e responde, Senhor, meu Deus.
Ilumina os meus olhos, ou dormirei o sono da morte;
os meus inimigos dirão: "Eu o venci",
e os meus adversários festejarão o meu fracasso.
Eu, porém, confio no teu amor leal;
o meu coração exulta na tua salvação.
Cantarei ao Senhor pelo bem que me tem feito. (Salmos 13:1-6)

Como você interpreta a oração de Davi diante da dor e do sofrimento? Você percebe que ele está cheio de dúvidas, angústia e com a sensação de que Deus se esqueceu dele?

Você já se sentiu como Davi? Quando?

_____

_____

_____

_____

Compare esse tempo que viveu com os discursos de vitória tão comuns em nosso tempo, que afirmam que o cristão não passa por crises de fé ou angústia. Será que desaprendemos a orar sobre nossas dores?

_____

_____

_____

_____

PRÁTICA 4
VERSÍCULO PARA MEDITAÇÃO

Estou exausto de tanto gemer.
Ao longo da noite inundo a cama com o meu pranto;
de lágrimas encharco o meu leito.
Os meus olhos se consomem de tristeza;
fraquejam por causa de todos os meus adversários.
(Salmos 6:6-7)

2

Não há método ou receitas prontas para viver o sofrimento

Embora fosse Filho, ele aprendeu a obediência por meio daquilo que sofreu; e, uma vez aperfeiçoado, tornou-se a fonte da salvação eterna para todos os que lhe obedecem.
(Hebreus 5:8-9)

O indivíduo é a categoria mais elevada. Cada um deve suportar seu próprio sofrimento, pois somente nele a verdade mais profunda é revelada.

—Søren Kierkegaard (*A repetição*)

Ouvi um grande número de relatos, ao longo da minha trajetória como médico psiquiatra, que me ensinaram a adotar uma posição mais humilde e honesta diante do sofrimento, tanto o meu quanto o dos demais. O sofrimento me tornou mais humano e me levou a me aproximar mais de Deus, ainda que eu não tenha obtido as respostas que tanto buscava. Ter acesso ao sofrimento dos meus semelhantes no consultório me ensinou mais a respeito da dor do que muitos dos tratados de teologia que li. O sofrimento me ensinou que não existem respostas prontas, mas que posso aprender melhor a consolar e a ser consolado.

Neste livro, escrevo sobre algumas das muitas dores dos meus pacientes, amigos e minhas, para que você possa se sentir acolhido nas suas experiências de sofrimento, pois compreenderá que não são isoladas neste mundo. Além disso, quero desmistificar a terrível ideia presente em nossa cultura de que quem é justo não sofre e de que, se sofremos, é porque não conseguimos mentalizar o sucesso ou estamos em pecado.

Já perdi a conta dos casos clínicos que atendi que me confrontaram, uma vez que há histórias de vida demasiadamente pesadas. Um dos casos em especial foi um grande impulso para escrever este livro: o de uma paciente com câncer. Como sempre faço, usarei nomes fictícios para não identificar as pessoas, tanto por respeito à história de cada um como pela ética médica. Joana é uma pessoa jovem. Ela dedica a vida ao Senhor, é casada e tem uma história de vida muito frutífera. É minha paciente há vários anos, durante os quais sempre presenciei seu testemunho íntegro diante de Deus, marcado por muita paixão e compaixão pelas pessoas. Eu a considero uma cristã que todos deveriam conhecer, pois certamente amariam tomar um café e passar horas conversando com ela sobre as verdades eternas. Além disso, ela tem excelentes hábitos de saúde.

Tudo mudou na tarde de uma quinta-feira. Nunca me esquecerei daquela ligação. Do outro lado da linha, estava a obstetra que recentemente havia começado a cuidar dessa paciente, então grávida de seis meses. Discutíamos sobre como ajudá-la a melhorar suas constantes dores de coluna, que não passavam, embora soubéssemos ser algo muito comum entre as gestantes, em virtude do aumento do peso abdominal.

Para nossa surpresa e tristeza, após a paciente ser encaminhada para o hospital para ter um diagnóstico mais preciso, recebemos a triste notícia de que, na verdade, ela estava com câncer e havia inúmeras metástases ósseas. Ali começava uma jornada complexa de cuidar da mãe e do bebê, uma equação muito difícil de ser conduzida pelos médicos assistentes, de modo a reduzir os danos para ambas as partes.

Algumas inquietações me ocorreram nas poucas visitas que fiz a ela no hospital durante o período de internação. O local me trazia várias lembranças, pois dois dos meus filhos ficaram internados no mesmo centro de terapia intensiva (CTI), na ala pediátrica. Meu filho mais velho, Tiago, passou cerca de quarenta e cinco dias internado quando bebê, lutando pela vida enquanto enfrentava uma hipertensão pulmonar (comorbidade gerada pela Síndrome de Down). Aqueles dias se tornaram uma das piores fases da minha vida. Todas as vezes que visito alguém nesse hospital, lembro-me dos dias difíceis que passei ali e da necessidade constante que tinha de trazer à memória que Deus é soberano em todo sofrimento.

A sala de recepção de um CTI é um ambiente muito triste e marcante. Como a convivência é longa, é comum que os pais criem um laço de amizade com os demais na mesma situação (filhos em condição grave, lutando pela vida). Muitos eram cristãos e, constantemente, na sala de espera, tínhamos que acolher alguém que acabara de perder um filho. Convivi com pais que estavam com os filhos há mais de um ano no CTI; viviam cada dia em total dependência de Deus, com muitas lágrimas nos olhos. O sofrimento era visto com intensidade e proximidade.

Víamos aqueles momentos tão tristes e repletos de dor, e também tínhamos muito receio de que, qualquer dia daqueles, também poderíamos perder nosso filho. A sala de espera de um CTI infantil é uma escola de sofrimento, dúvidas, confissões, abraços e lamentações. Lembro-me que um dos pais me contou sobre a tristeza de, ao perder um filho no CTI, ouvir que isso ocorreu porque ele não tinha fé. Outro, temendo ser julgado por Deus, tinha medo de manifestar seus sentimentos de medo, frustração e lamento.

Visitar minha paciente com câncer no mesmo hospital onde eu havia sofrido muito me trazia várias memórias — algumas negativas, mas outras muito positivas e pedagógicas. De fato, o período em que meu filho Tiago ficou internado também me ensinou bastante sobre como lidar com a dor e o sofrimento em momentos em que minha fé não parecia ser suficiente. Nesses momentos, nossa fé se esfarela entre as mãos; realmente aprendemos mais sobre o caráter de Deus e compreendemos seus propósitos de longo prazo. Ninguém vê Deus da mesma maneira após passar pela dor e pelo sofrimento.

Contudo, tive aprendizados adicionais, pois cada paciente nos ensina um pouco mais sobre a complexidade da vida. O que chamou minha atenção durante as visitas ao hospital foram as visões opostas que muitos cristãos ali presentes tinham sobre o sofrimento e os motivos pelos quais uma pessoa jovem e cristã piedosa estava sofrendo com uma enfermidade tão grave e debilitante exatamente durante uma gestação.

Em algumas dessas visitas, conversei aleatoriamente com pessoas que estavam ali para consolar a paciente internada. Pude presenciar como é difícil para muitos conviverem com momentos de dor e sofrimento em nossa cultura cristã atual, o que me fez pensar sobre os motivos para que isso ocorresse. Naquele corredor de hospital, percebi que a opinião de cada pessoa era divergente e havia uma multidão de conflitos a respeito do que seria a "fé verdadeira", sobre o sentido da vida, a providência divina e até em relação a até que ponto Deus realmente interfere em nossa caminhada de dor. Muitos, em lágrimas, me perguntavam: "Por que o Senhor permite algo assim?".

É importante, de antemão, deixar claro que nenhuma dessas pessoas estava errada ou totalmente equivocada em seus sentimentos, questionamentos e argumentos. O sofrimento traz à luz dúvidas reais do nosso coração, e não há uma fórmula exata para enfrentá-lo. É um grande erro julgar as atitudes das pessoas diante de algum sofrimento, mesmo que não concordemos com o ponto de vista que expressam. Algumas considerações, porém, podem ser feitas acerca das falas que ouvi.

Havia um grupo que negava parcialmente a gravidade da situação e preferia "liberar palavras de fé e vitória" desconexas da realidade em sua totalidade e que, a meu ver, não ajudariam a paciente internada com doença grave. Em alguns momentos, precisamos mais de consolo do que de palavras de afirmação. Para minha surpresa, esse grupo não era composto por pessoas imaturas na fé, mas por gente com longa caminhada no cristianismo que, de fato, acreditava que um milagre seria facilmente provocado ou manipulado mediante a "ativação da fé da maneira correta". A gravidade clínica era colocada em segundo plano porque "a fé sempre traz os resultados pelos quais oramos e os quais planejamos". Essa crença dominava a mente do grupo.

A "fé na fé a todo custo", manipulada e entendida como facilmente "executável", sempre me assustou ao longo destes anos de medicina, sobretudo porque muitos cristãos piedosos morreram mesmo depois de diversas campanhas de oração e da intercessão de muitas pessoas.

Nunca me esqueci, por exemplo, de um missionário cristão que atendi por vários meses durante seu tempo de cuidados paliativos em decorrência de um câncer facial extremamente raro e agressivo. Constantemente, ele me dizia: "Eu tenho fé que serei curado". Eu o acolhia com muito respeito. Diante do nítido e progressivo agravamento do caso, eu apenas respondia com um sorriso amarelo que oraria, apesar de, dentro do meu coração, não conseguir ter fé suficiente para crer nesse milagre. Isso não significa que eu não acreditasse no poder divino para curá-lo, eu apenas observava a realidade de sua nítida piora a cada atendimento.

Em alguns momentos, o choque entre a realidade do agravamento de uma doença em um familiar e a ausência de respostas da parte de Deus pode nos fazer ter a sensação de que nossa fé não é suficiente. Essa percepção é normal em nossa caminhada com o Senhor.

Existia outro grupo de pessoas no hospital, visitando minha paciente, que se mostrava mais honesto com a realidade. Elas não minimizavam as dores e se mostravam assustadas e perplexas com o fato de uma cristã piedosa sofrer tanto. Desses, eu ouvia constantemente frases como: "Como Deus pode ser justo e bom se ela está sofrendo tanto, doutor Ismael?", "Com tantas pessoas ruins no mundo, por que logo ela tem câncer?", "Onde está Deus diante de tanta maldade?". Escutei também confissões honestas de pessoas que questionavam a existência de Deus, sua soberania e bondade.

Se, para o primeiro grupo, a solução era "basta ter mais fé"; para o segundo, a fé em Deus havia se perdido em meio à tão grande tragédia, afinal, se Deus é bom, esse tipo de mal não poderia existir. Certa vez, ouvi de um paciente em sofrimento: "Deus pode até existir, mas não intervém nesta terra, doutor.

Senão, o mal não existiria em tanta magnitude". Foi um desabafo honesto baseado em um sentimento que todo cristão pode experimentar em algum momento da vida.

O que mais chamou minha atenção em todas as visitas ao hospital foi que o mais lúcido no ambiente era o esposo da paciente. Ele não é teólogo nem especialista em assuntos espirituais, somente um cristão comum que, em meio ao sofrimento, aprendeu a viver um dia de cada vez, literalmente. De fato, pessoas comuns me ensinaram mais sobre a dor e o sofrimento do que muitos estudiosos com cursos avançados de teologia. Só aprende sobre o sofrimento quem o vive na prática. O sofrimento é aprendido na dura realidade da vida comum.

Ressalto, novamente, que todos esses questionamentos são justos e aceitáveis diante da dor. Contudo, muitas vezes, demonstram visões muito lineares ou formatadas para lidar com o sofrimento, e isso pode nos distanciar do que a Palavra de Deus nos ensina. Além disso, se ficarmos muito presos a métodos para enfrentar e vencer o sofrimento, podemos nos desumanizar e deixar de compreender a grande complexidade da vida humana, que nem sempre nos dá respostas simples e prontas.

O objetivo deste livro não é apontar uma única maneira de lidar com o sofrimento. Em vez disso, é nos levar a compreender que não há um caminho único e que o relacionamento com Deus durante a dor é multiforme e singular para cada um de nós. Pessoas diferentes, ao enfrentarem a mesma dor, podem ter crises de fé e emocionais muito distintas. Entre os extremos que apresentei de negação e aceitação, além da total rendição, existem espectros mais amplos do que imaginamos. Todavia, o sofrimento não faz de nós defensores de um método de superação; pelo contrário, ensina-nos a viver com mais humanidade e humildade.

O sofrimento sumiu da igreja?

Tem chamado minha atenção nos últimos anos que a temática do sofrimento praticamente desapareceu dos púlpitos cristãos aos domingos, tendo sido substituída por mensagens de autoajuda ou por ensinamentos de como sermos felizes aqui e agora. Parece-me que os pregadores preferem falar do que move o nosso tempo: prazer e felicidade. Isso me leva a questionar: Quais recursos emocionais e espirituais sábios estamos ensinando para as pessoas praticarem quando a felicidade não chega?

Quando lemos a literatura cristã mais antiga, percebemos que até o século 19 era muito mais comum falar de sofrimento, dor, angústia e morte. Nas últimas décadas, especialmente nos últimos trinta anos, houve uma mudança, pois a sociedade atual idolatra a felicidade, o bem-estar e o sucesso de tal maneira que o sofrimento passou a ser um assunto muitas vezes repelido e evitado, uma vez que não enche os templos e não gera cultos com chamadas espetaculares, para provocar o público a viver o "extraordinário".

De fato, esse é um grande paradoxo, porque, ao longo da vida, uma das poucas certezas que temos é que, cedo ou tarde, algum sofrimento incompreensível à razão humana baterá à nossa porta. Em um instante, nossa vida pode mudar; um telefonema inesperado pode fazer o chão ruir e, em poucos segundos, você pode perder sua estrutura espiritual e emocional. Então, a dor é um assunto do qual não podemos fugir.

As razões para evitarmos falar do sofrimento são várias. Dentre elas, destaco a valorização da busca intensa pela felicidade por parte da nossa sociedade contemporânea, de tal maneira a promover uma cultura de positividade e autoajuda que rejeita a dor e o sofrimento. Essa cultura sugere que sucesso e felicidade pessoal são as metas mais elevadas da vida; assim, o sofrimento deve ser evitado a qualquer custo. No entanto, essa mentalidade gera uma visão distorcida da realidade na qual o sofrimento é compreendido como erro, pecado, escolha falha ou algo que precisa de conserto rápido para voltar ao estado ideal de felicidade.

Essa verdade também se reflete em parte dos livros cristãos do nosso tempo que estão focados na cultura do bem-estar e da felicidade, mas não passam de reproduções superficiais de obras sem cunho religioso que prometem felicidade e bem-estar com ideias simplistas como: "não sofrer é apenas uma questão de escolha". Misturar autoajuda a versículos bíblicos pode até trazer retorno financeiro, porém ensina algo que a vida real demonstra claramente não ser possível nem existente.

Tomemos, por exemplo, o livro *O segredo*, de Rhonda Byrne, que sugere que pensamentos positivos são capazes de atrair plenitude e sucesso, conforme a premissa: "você é o arquiteto do seu próprio destino". (Reitero que não nego os efeitos da psicologia positiva, mas reservei uma abordagem equilibrada sobre a consonância entre ela e fé cristã para o final deste livro.) Não é difícil compreender essa narrativa como superficial, pois baseia-se no princípio de que basta ser otimista para evitar sofrimentos e fracassos.

Se fosse tão simples viver, poderíamos afirmar para uma pessoa em profunda dor que todo o sofrimento pode ser reduzido com a mudança de mentalidade. Você já tentou imaginar Jesus no jardim do Getsêmani mentalizando o sucesso ou pensamentos positivos para diminuir a grande dor da crucificação que enfrentaria a seguir? Ele não seguiu esse caminho. Antes, as Escrituras nos dizem que ele afirmou sentir tristeza mortal e, finalmente, gritou em meio ao sofrimento (como muitos de nós): "Meu Deus, por que me abandonaste?".

Outros capítulos estão reservados para as respostas cristãs frente ao sofrimento; neste abordarei um pouco mais como a teologia cristã contemporânea que nega a dor e o sofrimento tem sido influenciada pela literatura de autoajuda focada no sucesso e na felicidade a todo custo. Aos leitores teólogos, peço, de antemão, que compreendam a necessidade de simplificar ao máximo alguns conceitos com a intenção de que leigos em teologia compreendam como passar pela dor com serenidade e equilíbrio; assim, não pretendo expor teologia com complexidade.

Outro livro interessante que induziu o pensamento de milhões de pessoas foi *Como fazer amigos e influenciar pessoas*, de Dale Carnegie. Apesar das ideias excelentes, a obra reforça incessantemente que devemos evitar criticar, condenar ou nos queixar diante dos dilemas da vida. Como veremos posteriormente, o caminho do cristianismo não é a ausência de crítica frente ao sofrimento nem a impossibilidade de lamentar. Pelo contrário, nas Escrituras, Deus demonstrou grande amor ao ouvir as amargas dores existenciais de seus filhos.

De maneira geral, muitos livros de autoajuda vendem o conceito de que o sofrimento não passa de um obstáculo a ser superado ou evitado, uma interrupção indesejada no caminho da vida plena e feliz. Não há uma redenção que nos faça transcender, como a conquistada por Jesus na cruz. Tudo depende exclusivamente de você e do que é possível viver aqui e agora.

Como afirmei, não podemos descartar totalmente o conteúdo desses livros, pois há, sim, muitos princípios sábios que podem ser aplicados e aproveitados. Não podemos negar, porém, a complexidade da vida nem nos esquecer de que viver não é como o resultado de uma equação matemática simples, na qual basta mentalizar o bem ou a prosperidade para que ela nos alcance sem nenhuma margem de erro.

O "evangelho da autoajuda" — simplista, raso e focado apenas no presente sem transcender, tampouco sem visar a eternidade como sublime — é, na verdade, uma tentativa superficial de alterar a experiência cristã genuína, que reconhece o sofrimento como parte integrante (e, por vezes, essencial) do verdadeiro crescimento espiritual e de um relacionamento íntimo com Deus.

Jesus não cresceu espiritualmente nem aprendeu a obedecer ao Pai com a mentalização de frases de efeito nem se empoderando para ser sua "melhor versão". Cristo aprendeu a obedecer pelas dores que sofreu. Não podemos conceber que um cristão, ao passar por sofrimentos, seja bombardeado com ideias simplistas sobre sucesso, bem-estar e felicidade. É inimaginável dizer a alguém que enfrenta um câncer que ela está naquela situação porque não tem fé. Não é compreensível dizer a uma mãe de filho atípico ou enfermo que a solução para sua vida é simplesmente mudar de mentalidade. Esse conjunto de pensamentos, além de não funcionar, pode, inclusive, agravar a saúde mental de quem receber os mantras que prometem felicidade como resultado de passos mágicos. Podemos até mesmo levar as pessoas que sofrem para longe da verdadeira fé.

Já atendi diversos líderes messiânicos que, no púlpito, vendiam a ideia de sucesso, empoderamento, felicidade e ausência de doenças, mas, ao se deparar com a dor, procuravam os melhores médicos e recursos que o dinheiro poderia pagar. A fé plastificada evaporava, e os melhores recursos científicos eram buscados por aqueles que até então viviam do discurso de "fé na fé". Se a forma como entendemos teologia não nos coloca no devido lugar diante de Deus, o sofrimento cumpre esse papel.

Na sociedade que idolatra o sucesso pessoal e a satisfação imediata, o conceito de dor é cada vez mais descartado nas comunidades cristãs. Ao analisar os hinos cristãos de algumas décadas atrás, observamos a presença da temática do sofrimento e das verdades eternas que transcendem o mero bem-estar, a felicidade ou a prosperidade material.

Se, antes, cantávamos:

"Se paz a mais doce eu puder desfrutar,
se dor a mais forte sofrer,
oh, seja o que for, tu me fazes saber
que feliz com Jesus sempre sou",

Hoje, nossos louvores no estilo worship são centrados em experiências de bem-estar pessoal. Deus é visto como um agente que toca nossas emoções, nos faz sentir bem, proporciona empoderamento e nos impulsiona a buscarmos ser nossa melhor versão ou a aumentarmos nossa autoestima. Nem mesmo o louvor escapou da era da felicidade e do bem-estar buscados a todo custo.

Quando idolatramos o sucesso pessoal, a satisfação imediata e o empoderamento pleno, o conceito de dor fica cada vez mais descartado. Esse fenômeno cria um ciclo vicioso e perigoso que gera pessoas cada vez mais despreparadas para lidar com as dores da vida. Ou reaprendemos a sofrer conforme a perspectiva cristã correta, ou viveremos cada vez mais frustrados por acreditar que Deus não governa todas as coisas e que nossa fé é insuficiente para "mover o mundo espiritual".

PRÁTICA 1
REFLETINDO COM ALGUÉM QUE SOFREU
Leia e medite no testemunho real a seguir

Em dezembro de 2024, completei 33 anos de vida e 4 anos e 7 meses de viuvez. Casei-me aos 25 anos e fiquei viúva aos 28 na pandemia por covid-19. Na infância, sofri violência doméstica, racismo e rejeição familiar; fui acolhida apenas pela minha mãe.

Na adolescência, me converti ao cristianismo aos 16 anos e perdi uma irmã para o câncer aos 19. Minha visão de família era distorcida: ninguém precisa de casamento para ser feliz. Na verdade, era um reflexo das minhas dores.

Meu marido era meu parceiro, apesar de dificuldades como minhas crises de ansiedade. Vivemos 3 anos e 5 meses de casamento, durante os quais brincávamos que pareciam ser 30 anos condensados em três. No melhor momento da nossa vida, quando planejávamos ter filhos, ele, que era bombeiro, pegou covid. Isso aconteceu em abril de 2020. Foram nove dias de cuidado dele em casa. Seguimos todas as orientações, mas ele era obeso e hipertenso. Duas idas à emergência não resolveram a falta de ar. Na terceira, 80% dos pulmões já estava comprometido, e ele foi internado. Dormi no carro para acompanhar a internação e falamos por WhatsApp. Em nossa última chamada, ele me disse: "Eu te amo. Fui feliz em me casar com você". Logo em seguida, ele foi entubado.

Passei 29 dias recebendo boletins médicos, afirmando: "mais um dia". Era assim que eu também atualizava amigos, igreja e família nas reuniões de oração on-line. Depois de muita luta, Deus decidiu recolher meu marido. No velório, a dor foi tão grande que desejei partir com ele. Muitos interpretaram meu sentimento como exagerado, mas era dor.

Quando penso sobre isso, me lembro de João Batista, que, quando preso, questionou se Jesus era real. Cristo, por sua vez, quando estava na cruz, perguntou: "Por que me abandonaste?". Eles não perderam a fé, apenas sentiram a dor do momento, assim como eu.

Essas dores parecem feridas que nunca cicatrizarão, mas cicatrizam. Não conseguimos enxergar essa verdade nos dias mais difíceis, e não há problema; o importante é não desistir da cura. Em um dia de profundo desespero, após lavar o chão com lágrimas e chorar com o rosto no pó, questionei Deus: "Não custava nada o Senhor tê-lo trazido de volta". O Espírito Santo me respondeu: "Custava o meu propósito". Foi assim que o meu processo de cura começou.

Nesse tempo de luto, experimentei o que é ser família com a igreja. Eles sustentaram minha vida com ação e oração. Eu me reaproximei da minha família biológica e vi o nome de Jesus ser glorificado em todos os quartéis de bombeiro do Estado. Um simples cabo deixou um legado de amor e serviço. Percebi que somente descobrimos que Deus é tudo do que precisamos quando perdemos tudo o que temos. O luto é um processo sem receita ou prazo de término. No início, tentei fugir da dor, mas precisei encará-la. Como diz a canção dos Arrais, "Olhei a tristeza nos olhos e sorri". Aceitei que a dor e a restauração caminham juntas por algum tempo. Hoje, minha história com meu marido não me traz mais a dor do futuro que não existiu, mas gratidão pelo que vivemos. Fiz as pazes com minha viuvez, com Deus e com essa parte da minha vida.

Deus escreveu cada um dos meus dias, e eles são um privilégio, sejam eles dolorosos ou alegres. Foram esses dias que fizeram de mim quem eu sou. Hoje, abri meu coração para novos planos, inclusive para um novo relacionamento, caso seja a vontade do Senhor. A vida traz novos processos e, pela graça de Deus, sigo aprendendo e vivendo. Há cura para nossas dores e, no tempo certo, até os dias mais difíceis se tornam motivo para glorificar o nome de Deus.

O que esse testemunho ensinou para você? Ao ler o relato, você acredita que o justo sofre? Quais caminhos Deus ensinou a ela durante a dor e o sofrimento? Destaque três frases do testemunho que chamaram sua atenção durante a leitura.

PRÁTICA 2
REFLEXÃO SOBRE CONSELHOS QUE RECEBEMOS DURANTE O SOFRIMENTO

Você já escutou ou aconselhou algum cristão que passou por um grande sofrimento?

NÃO HÁ MÉTODO OU RECEITAS PRONTAS PARA VIVER O SOFRIMENTO

Quais foram os seus conselhos? Em algum momento você considera que deu alguma resposta pronta de fé mágica?

Quais conselhos você recebeu? Você foi alvo de algum tipo de aconselhamento que roubou sua humanidade? Escreva o que vier ao seu coração sobre o sofrimento.

PRÁTICA 3
VERSÍCULO PARA MEDITAÇÃO

*Ah! Se fosse atendido o meu pedido,
se Deus me concedesse o que anelo,
se Deus se dispusesse a esmagar-me,
se soltasse a mão e me eliminasse!*
(Jó 6:8-9)

3

Quando a fé não é suficiente e a angústia não é psiquiátrica

E imediatamente o pai do menino exclamou [com lágrimas]: Eu creio! Ajuda-me na minha falta de fé!
(Marcos 9:24, ARA)

A Bíblia sabe onde Deus esconde o rosto dele, nas vezes em que o contato entre o céu e a terra parece interrompido. Deus parece retirar-se totalmente da terra e não participar mais de sua existência. O espaço da história, então, fica cheio de ruído, mas vazio do sopro divino. Para aquele que crê no Deus vivo, que sabe dele, e cujo destino é passar a vida num tempo em que ele se esconde, é muito difícil viver.
— Martin Buber (*O diálogo entre o céu e a terra*)

Ser psiquiatra me ensina muito sobre as dores reais da vida, como mencionei anteriormente. Todos os dias, ouço mais testemunhos de dor, tristeza, angústia e aflição do que histórias de superação, otimismo e bem--estar. Por esse motivo, seria difícil eu ter coragem de pregar um sermão simplista fundamentado em autoajuda ou de afirmar que o sucesso é mera questão de mentalidade. Fosse eu pastor, não conduziria minha comunidade à crença de que existe um tipo de "fé mágica" que seja capaz de, por si só, produzir resultados mágicos e de nos levar a conquistar nossos objetivos.

Nos ambientes conhecidos como seculares (externos às comunidades cristãs), todo sucesso está relacionado a ter a mentalidade certa, à lei da atração ou ao pensamento positivo. Já no ambiente religioso, muitas vezes, receber a bênção da vitória se resume a ter lutado ou não com a "fé correta". A fé se torna, então, uma espécie de varinha mágica dos contos de fadas, uma espécie de amuleto.

Diversas comunidades ensinam ser necessário "produzir fé", ou até mesmo que a fé deve ser "confessada positivamente para alcançarmos resultados". Alguns líderes chegam ao ponto de ensinar a ter "fé na fé", em vez de submissão ao Criador, de tal maneira que negam totalmente o sofrimento e a realidade dos fiéis. Nesses casos, a espiritualidade se torna um clichê existencial que, no curto prazo, pode realmente gerar alguma forma de conforto, mas, no longo termo, vai gerar grandes frustrações. Eu mesmo já passei por diversas situações que me levaram a crises de fé. Perdi a conta de quantas vezes senti que Deus estava distante de mim e me impunha um tempo de silêncio demasiadamente demorado. Nos dias que vivenciei muita dor, cheguei a pensar que o Senhor talvez nem sequer estivesse disposto a responder às minhas orações.

PRÁTICA 1
RESPONDA ÀS PERGUNTAS COM SINCERIDADE

Você já viveu algum momento como o que eu passei?

_____

_____

_____

Houve algum período de dor na sua vida durante o qual sua única vontade era fazer desaparecer o cristão que lhe disse para ter mais fé?

_____

_____

_____

Você já quis cancelar visitas de pessoas que se diziam bem-intencionadas e gostariam de orar por você porque não suportava mais ouvir o discurso repetitivo: "Você precisa crer e orar mais"?

_____

_____

_____

Em dias de sofrimento, temos a tendência de afastar pessoas que nos apresentem respostas prontas, bem como de nos conectar mais com pessoas que se dispõe a apenas chorar conosco.

É impressionante como o discurso de negação da dor e do sofrimento tem crescido no meio cristão, principalmente porque os relatos bíblicos seguem a direção oposta: homens e mulheres que andavam com Deus enfrentaram crises de fé e pensaram em desistir. Em muitos momentos, aqueles considerados heróis da fé questionaram seu chamado, lamentaram diante do Senhor e clamaram para que a morte os levasse da terra.

Mais adiante neste capítulo, citarei alguns exemplos de personagens bíblicos, mas, por ora, vamos falar do apóstolo Paulo, um homem marcado por intensos sofrimentos na missão de proclamar o evangelho; enfrentou adversidades que poucos poderiam suportar. Ele relata: "Cinco vezes recebi dos judeus quarenta açoites menos um. Três vezes fui golpeado com varas, uma vez apedrejado, três vezes sofri naufrágio, passei uma noite e um dia como náufrago em alto-mar. " (2Coríntios 11:24-25).

A trajetória de Paulo foi repleta de desafios, como ele mesmo descreve: "[...] em perigos de rios, em perigos de salteadores, em perigos entre patrícios, em perigos entre gentios, em perigos na cidade, em perigos no deserto, em perigos no mar, em perigos entre falsos irmãos" (2Coríntios 11:26, ARA). Além das ameaças externas, ele carregava o peso das igrejas: "Além das coisas exteriores, há o que pesa sobre mim diariamente: a preocupação com todas as igrejas" (2Coríntios 11:28, ARA). Apesar de tamanhas aflições, Paulo suportou tudo com a convicção de que "a nossa leve e momentânea tribulação produz para nós eterno peso de glória, acima de toda comparação" (2Coríntios 4:17, ARA), mostrando que sua força vinha da graça do Senhor, que se aperfeiçoa na fraqueza (2Coríntios 12:9).

Alguns anos atrás, passei por um período de grande sofrimento. Minha esposa e meu filho mais velho adoeceram ao mesmo tempo. Simone, tomada por depressão profunda, foi submetida aos mais variados tratamentos médicos sem apresentar melhora, o que trouxe grande dor ao nosso ambiente familiar. Por vários meses, vi minha esposa distante, triste, sem energia e sem desejo de viver.

Nesse ínterim, Tiago, nosso filho mais velho, que tem Síndrome de Down associada ao autismo, apresentou piora significativa do estado emocional. Não sei mensurar quantos foram os episódios de agitação e distúrbios de comportamento muito difíceis de controlar. Durante os meses em que os dois estiveram doentes, experimentei um sofrimento tão intenso que também adoeci emocionalmente e tive crises de fé. Muitos dias, depois de ter alcançado uma jornada produtiva de atendimentos no consultório, eu perguntava a Deus: "Senhor, eu ajudo tantas pessoas com meu trabalho, por que minha esposa não melhora?".

Esse tema é tão relevante que dedico o capítulo seguinte às repercussões psiquiátricas do sofrimento. Adianto aqui, porém, que, por um lado, aos poucos, fui ficando sem energia e passei a ter dificuldade para dormir. Por outro lado, intensifiquei um hábito que aprecio muito: orar sozinho nas montanhas ou em lugares que eu pudesse ficar a sós com Deus. Tenho claro na memória que expressei, em muitos momentos, minha dor em forma de orações. Eu não tinha fé suficiente para orar de outra maneira. Diante daquele cenário assolador, por mais que meus amigos e pessoas queridas me dissessem que tudo daria certo, a crise de fé se instaurou. Questionei a Deus sobre os motivos de eu estar passando por tanta dor e por não receber as respostas que eu considerava precisar. Eu me vi sem esperança de melhora para os quadros de Simone e Tiago. Minha fé literalmente esfarelou. Não duvidei da existência de Deus, mas o questionei com honestidade sobre a vida "debaixo do sol" ser tão dura.

Meses depois, recebemos uma visitação do Senhor muito impactante e tanto Tiago quanto Simone apresentaram grande melhora. Voltarei a este assunto em tempo oportuno; por ora, vamos observar as crises de fé e como elas são muito mais recorrentes do que a maioria de nós imagina, mas toda a Escritura nos ensina. Não é raro vermos ensinamentos equivocados de que grandes pessoas fiéis a Deus não têm crises de fé, mas vivem roteiros lineares de ousadia, intrepidez e confiança cega no Senhor sem nenhum tipo de oscilação ou questionamento. Tomemos os exemplos bíblicos dos profetas e suas emoções ambivalentes.

Costumamos pensar nos profetas como seres quase místicos e extraordinários, isentos de crises, com uma Palavra de Deus revelada sempre disponível. Na nossa geração, muitos cristãos acreditam que os profetas são aqueles que entregam profecias, fazem previsões acerca do futuro ou conseguem revelar fatos que desconhecemos. Entretanto, na Bíblia, os profetas são pessoas muito mais complexas do que essa visão míope nos permite enxergar.

Em uma concepção ampla e bela, profeta é alguém que sente e vê o mundo com o coração e os olhos de Deus de tal maneira que se torna capaz de traduzir os sentimentos de Deus para o mundo. Por vezes, sofrem a dor de todo seu povo. Profetas não estão sempre calmos ou distraídos, tampouco silenciam suas dores; pelo contrário, sentem o mundo de maneira intensa e feroz. Sua agonia, mesmo silenciosa, é introjetada na alma e conduz a questionamentos honestos que a maioria das pessoas não ousam fazer. O profeta é, então, inquieto, preocupado e sofrido. Honesto com seus sentimentos, um profeta não produziria bons conteúdos para as redes sociais que desejam soluções mágicas para qualquer tipo de dilema existencial.

Vivemos em um tempo em que testemunhamos constantemente atos de injustiça, manifestações de hipocrisia, falsidade, ultraje, miséria, fome, falta de justiça social e corrupção moral ao nosso redor e até dentro de algumas igrejas. Mesmo assim, seguimos vivendo quase normalmente. Para os profetas — aqui sinônimo de todo verdadeiro servo de Deus de nosso tempo —, basta uma pequena injustiça para a proporção da dor em sua alma se tornar gritante. O profeta, dessa forma, é um ser que sente na mente e no corpo as dores que podem nascer da destruição moral e espiritual daquilo que está ao seu redor.

Se você sente esse tipo de dor, é um profeta dos tempos modernos.

Estamos enganados se, nesta era narcisista, instagramável e focada em fórmulas de sucesso, acreditamos que os homens de Deus mais sinceros são os que apresentam códigos de sucesso que, se aplicados corretamente, proporcionarão uma vida próspera e isenta de dificuldades. Pessoas gastam milhares de reais para participar de eventos cuja temática se resume a como ter sucesso, impulsionar sua mente e ser feliz a qualquer custo. Elas, porém, se esquecem do testemunho dos profetas, que nos mostra que o caminho com Deus pode passar por percursos totalmente contrários às nossas expectativas.

PRÁTICA 2
REFLITA DE MANEIRA
HONESTA E RESPONDA

Como você observa a espiritualidade que vivemos hoje?

_____

_____

_____

_____

Quais são as pessoas que o inspiram? Por quais motivos?

_____

_____

_____

_____

Você sente dor por ver a fé cristã tomar um rumo equivocado, centrado no sucesso e no culto às celebridades?

O fato de não haver espaço para falar das dores e dos sentimentos tem trazido angústias à sua alma?

Suas respostas a essas perguntas podem revelar se você é, de fato, um profeta — alguém que sofre porque percebe o mundo com os olhos de Deus, revelados nas Escrituras.

Sentir angústia, pesar, lamentação, ter questionamentos e crises de fé nem sempre estão relacionados a transtornos mentais ou a doenças psiquiátricas. Podem ser apenas processos normais que enfrentamos ao longo da nossa jornada de fé e que nos revelam Deus de maneira intensa. Tenho atendido um número significativo de pessoas que, às vezes, pensam estar em depressão, mas, na verdade, estão angustiadas espiritualmente. Recebem revelação e amadurecimento por parte de Deus, mas não conseguem compreender adequadamente todo o processo. Como ser feliz e ter bem-estar se tornou quase uma obrigação, qualquer tristeza ou pesar é automaticamente traduzido como doença psiquiátrica em nosso tempo. Ao final deste livro, farei uma reflexão mais ampla sobre o tema. Por ora, vamos nos deter a outro importante personagem bíblico.

O profeta bíblico Jeremias foi um homem de Deus que viveu as emoções com grande intensidade, talvez tenha até enfrentado um quadro de depressão. É impactante que um homem cheio de experiências com Deus como ele tenha, em algum momento da vida, desejado nunca ter nascido (Jeremias 20:14-15). Escolhido por Deus desde antes do nascimento (Jeremias 1:5), o profeta percorreu uma longa caminhada como voz do Senhor para um povo de coração endurecido, uma vez que Israel estava imerso em corrupção moral e espiritual que fortalecia a certeza do devastador e doloroso exílio vindouro. Deus estava prestes a punir o povo, e Jeremias sofria intensamente por ter de declarar esse juízo.

O ápice de seus sentimentos está registrado no capítulo 20. Após ser humilhado e espancado em público pelo chefe dos sacerdotes da época, Pasur, o profeta fez uma oração visceral, sincera e impactante:

Maldito seja o dia em que eu nasci!
Jamais seja abençoado o dia em que a minha mãe me deu à luz!
Maldito seja o homem que levou a notícia ao meu pai
e o deixou muito alegre quando disse:
"Você é pai de um menino!".
Seja aquele homem como as cidades
que o SENHOR *destruiu sem piedade.*
Que ele ouça gritos de socorro pela manhã
e gritos de guerra ao meio-dia.
Porque ele não me matou no ventre materno.
Então, a minha mãe teria sido o meu túmulo
e ela teria ficado permanentemente grávida.
Por que saí do ventre materno?
Só para ver dificuldades e tristezas
e terminar os meus dias na vergonha?
(Jeremias 20:14-18)

Em nossos dias, Jeremias seria considerado sem fé suficiente, fracassado, triste e, possivelmente, seria rotulado como alguém que não soube trabalhar sua mentalidade. Imagine se um coach de autoajuda moderna tentasse aconselhar o profeta com frases plastificadas sobre felicidade, sucesso e bem-estar, qual seria a resposta de Jeremias?

Nas Escrituras está claro que Jeremias, ao passar por grande sofrimento e humilhação, entra em angústia mental profunda, deseja nunca ter nascido e questiona por que vivia apenas para enfrentar dificuldades e tristezas. O profeta estava completamente destroçado, angustiado, e tinha o coração sofrido; expressava suas emoções sem medo de ser reprimido por Deus e chegou a desejar a própria morte. Ele, naquele dia, não teve fé suficiente conforme os parâmetros equivocados que temos sobre o que é ter fé na atualidade.

Com a expressão "fé suficiente", não quero dizer que o profeta negou a existência de Deus ou abandonou a fé. Na verdade, a oração de Jeremias nos ensina que podemos andar com Deus por longos períodos, ser sua voz profética, ter um testemunho de integridade e, mesmo sabendo que Deus governa todas as coisas, desejar pular alguns anos de nossa existência, sonhar nunca ter nascido ou até querer ser levado ao céu.

QUANDO A FÉ NÃO É SUFICIENTE E A ANGÚSTIA NÃO É PSIQUIÁTRICA **37**

Atendo uma imensidão de pacientes com uma fé genuína que me falam abertamente: "Doutor, eu gostaria de dormir e acordar somente daqui a alguns anos. Não quero me matar, mas gostaria que Deus me levasse". Ter fé não significa ausência total de dúvidas, mas confiar em Deus apesar dos questionamentos e das dificuldades. A fé não depende da capacidade humana de acreditar, mas da ação soberana de Deus, que concede fé ao nosso coração, inclusive nos dias em que nossas emoções, saturadas pelo sofrimento, traem a mais firme de nossas convicções. Nossa fé pode oscilar, balançar, ser alvo de questionamentos, porém, em nosso espírito, Deus continua a testificar que somos seus filhos. A dor não será negada. A manifestação de lamentação não será abolida. Contudo, no fundo do nosso coração, saberemos que não há aonde ir senão diante da presença de Deus.

Novamente, o profeta será nosso mentor:

Mas, se eu digo: "Não o mencionarei
nem mais falarei em seu nome",
é como se um fogo ardesse no meu coração,
retido nos meus ossos.
Estou exausto tentando contê-lo;
não posso mais!
(Jeremias 20:9)

Jeremias viveu um estado totalmente humano, no qual a fé e o sofrimento coexistem, mas em tensão. O profeta acreditava em Deus, amava o Senhor e, motivado pela dor, chegou a amaldiçoar o dia do seu nascimento. Esse "estado bipolar da alma" revela a fragilidade da condição humana durante o sofrimento: uma parte de nós se agarra à fé como a única âncora em meio ao caos; enquanto outra, ferida pelo sofrimento, questiona, duvida e clama por alívio. Jeremias descreveu o fogo em seu coração, uma inquietude interna forte de Deus que o impelia a continuar, mesmo quando sua mente desejava desistir. Quem nunca viveu um momento assim, no qual parte de suas emoções desejava desistir e parte de sua alma internamente o impelia a crer em Deus?

Essa tensão é o reflexo de uma alma que luta para reconciliar a realidade de um Deus bom e soberano com a dor esmagadora que, por vezes, parece insuportável. É o paradoxo do cristão: crer, ainda que tudo à sua volta grite para duvidar.

Se você já experimentou um momento desses, saiba que é normal passar por dias em que a fé não será suficiente e o sofrimento pode levá-lo a duvidar ou lamentar. Nesses instantes, haverá uma voz interior em seu coração que constantemente o impelirá a clamar pelo nome do Deus vivo. Quem já conheceu Jesus tem um sopro de esperança em meio às dores, o fogo que fala ao coração por meio do Espírito Santo que ali habita. Tenha bom ânimo. Aquele que o chamou o fará "vencer o mundo" (João 16:33).

PRÁTICA 3
LEIA COM ATENÇÃO E MEDITE CALMAMENTE NAS DEZ FRASES A SEGUIR. PERMITA QUE DEUS FALE AO SEU CORAÇÃO POR MEIO DELAS:

1. A verdadeira fé não pressupõe ausência de dúvidas, mas a perseverança de crer apesar do alto clamor das dúvidas em nossa alma.
2. O sofrimento não anula a bondade de Deus; apenas revela a fragilidade do entendimento humano completo a respeito dos propósitos do Senhor.
3. Crer é um ato de dependência, não de perfeição; pode ser acompanhado por um grito de uma alma doente, mas que ainda confia.
4. A tensão entre fé e dúvida é o espaço no qual Deus refina nosso caráter, mostrando-nos que sua graça é suficiente em nossa fraqueza.
5. Deus não se ofende com nossos lamentos ou perguntas, mas os usa para nos aproximar de sua verdade e de seus propósitos.
6. A chama da fé, o fogo nos ossos, muitas vezes queima mais forte no coração que sofreu, porque ali o evangelho se tornou mais real.
7. Dizer: "Creio, ajuda-me na minha falta de fé" é reconhecer que até a fé é um dom da graça divina, não uma conquista pessoal. A fé não é um regime de metas inflexível.
8. No vale da angústia, Deus não exige que você entenda tudo, mas que confie que ele está ao seu lado.
9. A dúvida nos lembra de nossa humanidade; a fé aponta para a divindade de Cristo, que é maior que qualquer dor.
10. A fé não promete que ficaremos isentos de sofrimento, mas assegura que o Deus soberano usará até nossas lágrimas para cumprir seus propósitos eternos.

PRÁTICA 4
MEDITE NO VERSÍCULO A SEGUIR:

*E imediatamente o pai do menino exclamou [com lágrimas]: Eu creio!
Ajuda-me na minha falta de fé!*
(Marcos 9:24, ARA)

PRÁTICA 5
FAÇA A SEGUINTE ORAÇÃO

Senhor Jesus,

Tu conheces a profundidade do meu coração, vês minha luta entre a fé e a dúvida. Sabes que desejo crer plenamente, mas, muitas vezes, o sofrimento, o medo e as incertezas me fazem vacilar.

Assim como o pai do menino de Marcos 9 clamou em tua presença, também oro: "Eu creio! Ajuda-me na minha falta de fé!". Ajuda-me a lembrar-me que tu és o Deus soberano, mesmo quando não entendo os teus caminhos. Dá-me a confiança de que estás trabalhando na minha vida, ainda que a dor pareça maior do que consigo suportar.

Fortalece-me, Senhor, na fraqueza, para que eu não seja consumido pela dúvida, mas renovado pela certeza de que me amas e nada pode me separar desse amor. Ensina-me a encontrar repouso em ti, apesar do vale da sombra da morte, e a crer que tu és suficiente para sustentar minha alma, ainda que tudo ao meu redor desabe.

Que o fogo do teu Espírito arda no meu coração, como ardia no de Jeremias, de tal maneira que me impulsione a seguir em frente, mesmo quando minha força me abandona.

Tu és a minha esperança, Jesus. Ajuda-me a confiar mais em ti do que nos meus sentimentos ou na minha compreensão. Amém.

4

O sofrimento psiquiátrico e a dificuldade de trazer à memória o que traz esperança

Elias teve medo e fugiu para salvar a própria vida. Quando chegou a Berseba, de Judá, deixou o seu servo e entrou no deserto, caminhando um dia. Chegou aonde havia uma giesta, sentou-se debaixo dela e orou, pedindo a morte:
— Já tive o bastante, Senhor. Tira a minha vida; não sou melhor do que os meus antepassados.
(1 Reis 19:3-4)

O sofrimento pode fazer com que questionemos Deus, mas também pode nos levar a conhecê-lo de maneira mais profunda.
— C. S. Lewis (*O problema do sofrimento*)

A dor insiste em ser ouvida. Deus nos dá o sofrimento como uma disciplina amorosa. Ele não é menos bom quando nos fere do que quando nos dá prazer.
— C. S. Lewis (*O problema do sofrimento*)

Em muitas situações, o sofrimento se torna um caminho para um transtorno mental ou estresse psicológico. Apesar de nem todo sofrimento ser acompanhado de sintomas de burnout, ansiedade ou depressão, em alguns momentos, a persistência da dor é capaz de fragmentar de maneira significativa a percepção da realidade. É fundamental, então, diferenciar o sofrimento normal dos transtornos mentais.

O sofrimento normal é uma resposta proporcional e aceitável a eventos difíceis, como a perda de um ente querido, mudanças na vida, prejuízos, problemas de relacionamento ou desafios diários. A dor geralmente diminui com

O SOFRIMENTO PSIQUIÁTRICO E A DIFICULDADE DE TRAZER À MEMÓRIA O QUE TRAZ ESPERANÇA **41**

o passar do tempo, conforme a pessoa processa a situação, encontra suporte emocional e desenvolve mecanismos de enfrentamento. Embora desconfortável, esse tipo de sofrimento não impede a pessoa de cumprir suas responsabilidades ou manter relacionamentos básicos. Você continua produtivo e dá andamento a seus projetos de vida. É parte natural da experiência humana e sinaliza que algo precisa de atenção e cuidado. Preste atenção, "fí de Deus"[1]: nem todo sofrimento deve ser medicado por um psiquiatra.

Já uma doença psiquiátrica apresenta características mais severas e persistentes. O sofrimento acompanhado de um transtorno mental é desproporcional à situação ou surge sem motivo aparente. Os sintomas interferem significativamente na qualidade de vida, na funcionalidade, no trabalho, nas relações etc. Quando o sofrimento emocional persiste por semanas ou meses sem melhora e afeta a funcionalidade no trabalho, nos estudos e nas relações sociais, pode se tratar de um transtorno mental.

Doenças psiquiátricas frequentemente incluem sintomas clínicos específicos, como humor persistentemente triste, perda de interesse em atividades das quais gostava, crises de ansiedade, pensamentos negativos recorrentes ou, em casos mais graves, delírios e alucinações. Você pode ler meus outros livros para saber mais sobre transtornos mentais. Devemos, porém, compreender o impacto do sofrimento sobre as emoções. Como abordei no capítulo anterior, a dor pode até nos fazer desejar não ter nascido. Algumas pessoas passam por sofrimentos significativos e profundos, perdem o senso de propósito e pertencimento, e, como consequência, têm transtornos mentais capazes de fazê-las perder, inclusive, o sentido da vida. Para entendermos melhor essa verdade, vamos observar o exemplo de outro relevante profeta bíblico, Elias.

Se Jeremias preferia não ter nascido, Elias clamou a Deus que o levasse. Em 1Reis 19, Elias vive um dos momentos mais difíceis de sua vida logo depois de testemunhar um grande avivamento espiritual no monte Carmelo. O profeta foi ameaçado de morte por Jezabel e, tomado pelo medo e pela exaustão emocional, fugiu para o deserto, onde desejou a própria morte.

Suas palavras, "já tive o bastante, Senhor. Tira a minha vida" (1Reis 19:4), refletem uma profunda tristeza e um sentimento de inutilidade que frequentemente acompanham estados depressivos. Apesar de ser profeta de Deus, Elias demonstrava claros sinais de angústia emocional: isolamento, cansaço extremo, desejo de desistir e sensação de falta de propósito.

---

[1]   Expressão usada pelo autor nas redes sociais para chamar a atenção do interlocutor; é uma variante mineira de "filho de Deus". [N.E.]

Elias era um homem muito temente e fiel ao Senhor, tinha um ministério extraordinário e uma vida que demonstrava intervenções sobrenaturais. Ainda assim, ele enfrentou tamanho esgotamento físico e mental que experimentou sintomas semelhantes aos da depressão. Sua fuga para o deserto nos mostra tanto o desejo de escapar das ameaças externas como o esforço para lidar com suas demandas internas.

O profeta se isolou, abandonou seu servo e buscou refúgio sob uma árvore, onde expressou ao Senhor a dor e o desespero que sentia. Essa atitude transparece a realidade de que não importa o tamanho, a força e a profundidade da fé de alguém; ainda que viva em comunhão íntima com Deus, nenhuma pessoa está imune ao sofrimento humano e às sequelas emocionais que ele acarreta. A experiência de Elias, semelhante à de Jeremias, nos ensina que fé e sofrimento podem coexistir sem minimizar nossa importância para Deus.

Ao sentir-se isolado, inútil e sem forças, Elias se considera incapaz de dar continuidade a seu ministério. O psiquiatra Viktor Frankl (sobrevivente de um campo de concentração da Segunda Guerra Mundial), em seu livro *Em busca de sentido*[2], afirma que "a busca pelo sentido é a motivação primária na vida do ser humano". Quando é colapsada pelo sofrimento, como aconteceu com Elias, a pessoa entra em estado de vazio existencial semelhante ao da depressão profunda. Frankl explica que, sem um por quê para viver, o ser humano sucumbe ao desespero e à dor.

No deserto, depois de perder de vista seu chamado, Elias pede a morte ao Deus que o chamou. O sofrimento, especialmente em um quadro depressivo, distorce a percepção de propósito, chamado e pertencimento, mas, como Frankl sugere, o resgate do sentido — muitas vezes redescoberto em meio à dor — restaura a força para prosseguir, assim como ocorreu na restauração que Deus trouxe ao profeta.

O sentimento de inutilidade e esgotamento demonstra que o sofrimento e os possíveis sintomas de uma depressão podem afetar a fé, a disposição em servir a Deus e a identidade. Elias, anteriormente um profeta ousado e seguro de seu chamado, agora sente-se falho e sem valor no ministério. Essa vulnerabilidade o levou a uma crise de propósito, pois a visão distorcida acerca de si mesmo o fez esquecer-se de quem era na compreensão de Deus: servo escolhido que não seria descartado por aquele que o chamou.

---

[2]   Campinas: Auster, 2023.

PRÁTICA 1
RESPONDA ÀS PERGUNTAS A SEGUIR COM SINCERIDADE

Você já sofreu tanto a ponto de pensar em desistir?

_____

_____

_____

Você já se sentiu inútil depois de ter falhado?

_____

_____

_____

Em algum momento, sua fé não foi suficiente e você ficou paralisado pela dor?

_____

_____

_____

A paralisia pela dor acomete cristãos que enfrentam quadros de sofrimento emocional que ocasionam transtornos psiquiátricos com frequência. Uma pessoa, antes plena em sua vocação, pode passar a sentir que seu trabalho não tem valor, que seus esforços são inúteis e que ela é, na verdade, uma impostora incapaz de corresponder ao chamado de Deus. Os sintomas do burnout (esgotamento) e da depressão (exaustão, baixa autoestima, desesperança e isolamento) têm o poder de ofuscar a visão da nossa identidade em Deus de tal maneira que substitui a certeza de propósito por dúvidas profundas e autocríticas severas.

Assim como Elias, muitos perdem o senso de direção, movidos por sentimentos de desesperança e desejo de morrer. Contudo, a mão amorosa de Deus que restaurou o profeta nos lembra de que, se os sentimentos nos traem, o Senhor não nos abandona, mas nos faz lembrar de quem somos nele e do propósito que ele nos deu.

O sofrimento de Elias é um lembrete do sustento espiritual e também emocional de um Deus que não abandona seus filhos quando eles estão fracos e angustiados. O Senhor enviou um anjo para cuidar das necessidades físicas de Elias, com comida e água.

A narrativa de Elias em 1Reis 17 e 19 nos revela como Deus adapta seu cuidado por nós conforme as circunstâncias e de acordo com o que o nosso coração é capaz de suportar. Em 1Reis 17, Elias, que estava bem emocionalmente e confiante na missão profética, foi sustentado pelo Senhor de modo prático e simples: os corvos lhe levavam alimento (sobrenatural), e do riacho lhe fornecia água (natural). Deus sabe exatamente o que somos capazes de absorver em cada fase da vida.

Já em 1Reis 19, Elias, em angústia e esgotamento emocional profundos, recebe cuidado mais íntimo e cuidadoso. O Senhor lhe envia um anjo para alimentá-lo e fortalecê-lo, pois reconhece a fragilidade do profeta. Deus compreende nossa fraqueza e adapta sua linguagem e seu cuidado às nossas necessidades.

Quando estamos fortes, o Pai celeste nos sustenta muitas vezes de modo prático e objetivo; quando estamos quebrados, ele se aproxima com ternura, fala em sussurros e nos restaura com graça. Essa sensibilidade de Deus nos lembra de que o Senhor conhece nossas circunstâncias e, ao sondar as profundezas do nosso coração, trata-nos com o cuidado que cada momento exige.

Deus poderia ter restaurado o profeta instantaneamente, mas esse não foi o caminho que o Pai delineou. Em vez disso, o Senhor primeiro cuidou do físico de Elias (comida e água), depois das necessidades emocionais (ouviu seus sentimentos) e, por fim, o restaurou espiritualmente (se revela numa brisa suave).

Veja o resultado da restauração divina do profeta resgatado da dor e do sofrimento:

> O Senhor lhe disse:
> — Saia e fique no monte, na presença do Senhor, pois o Senhor vai passar.
> Então, veio um vento fortíssimo que separou os montes e esmigalhou as rochas diante do Senhor, mas o Senhor não estava no vento. Depois do vento, houve um terremoto, mas o Senhor não estava no terremoto. Depois do terremoto, veio um fogo, mas o Senhor não estava nele. Depois do fogo, veio o som de um suave sussurro. Quando Elias ouviu isso, cobriu o rosto com o manto, saiu e ficou à entrada da caverna.
> Então, uma voz lhe perguntou:
> — O que você está fazendo aqui, Elias?
> (1Reis 19:11-13)

O SOFRIMENTO PSIQUIÁTRICO E A DIFICULDADE DE TRAZER À MEMÓRIA O QUE TRAZ ESPERANÇA **45**

O fato de Elias ouvir Deus na brisa suave, em vez de no terremoto, no vento impetuoso ou no fogo, é significativo tanto para a narrativa de 1Reis 19 como para o nosso relacionamento com o Senhor em meio a dor e ao sofrimento. Os fenômenos naturais grandiosos (vento, terremoto e fogo) eram frequentemente associados à manifestação do Senhor no Antigo Testamento: Deus se revelou a Moisés no fogo da sarça ardente (Êxodo 3:2) e no monte Sinai em meio a trovões e terremotos (Êxodo 19:18). No entanto, em 1Reis 19, o Senhor escolhe se manifestar de forma diferente: um "suave sussurro" ou uma "brisa tranquila".

Essa escolha divina pode ter sido um reflexo da necessidade de Elias no momento. O profeta estava emocional e espiritualmente esgotado, buscava consolo, compreensão e direção no desespero. Deus, ao falar em uma brisa suave, reforça que não está limitado às manifestações grandiosas e assustadoras, mas pode se aproximar gentilmente, com intimidade e ternura, para cuidar dos quebrantados, tristes e sofridos. A linguagem ajustada ao estado emocional de Elias mostra que o Senhor conhece as necessidades mais íntimas do coração humano e sabe como acessá-las com doçura e suavidade.

Na nossa época, em que somos vítimas de discursos massificados e plastificados, com fórmulas e métodos para tudo, é maravilhoso compreender que Deus não nos trata como robôs em uma linha de produção em série. Na verdade, ele cuida individualmente não apenas de cada pessoa, mas de cada situação vivida.

O contraste entre os fenômenos naturais grandiosos e a brisa do sussurro suave também transmite que Deus nem sempre age de maneira espetacular, miraculosa ou evidente durante o tempo do nosso sofrimento. Muitas vezes, Deus é discreto e sutil, mas transformador em seu trabalho de nos moldar. Ao ouvir o Senhor na brisa suave, Elias pode ter compreendido que o poder de Deus não se limita ao espetacular, mas também está presente no cotidiano, no silêncio e na fragilidade. Ainda que enfrentemos sofrimento e dúvida e que não tenhamos revelações sobrenaturais ou mágicas nesse ínterim, o Pai celeste estará presente de maneira pessoal, íntima, amigável e fiel, provendo direção e propósito para nossa vida.

A leitura do trecho bíblico termina com uma pergunta que, apesar de ter sido feita ao profeta, é válida para cada um de nós: O que você está fazendo aqui, Elias (ou, me fale de suas dores)?

Deus tem interesse genuíno pelos sentimentos humanos, especialmente durante o sofrimento. Ao perguntar: "O que você está fazendo aqui, Elias?" (1Reis 19:9), mais que questionar o profeta sobre sua localização ou motivo para a fuga, o Senhor abre espaço para que Elias desabafe, permitindo que o profeta expresse sua dor, frustração e cansaço sem julgamento.

Apesar de ter experimentado o poder de Deus de maneira extraordinária, Elias se sentia exausto, desiludido e sem esperança. Deus não o reprime, não o corrige por sua tristeza nem exige produtividade imediata. Em vez disso, ouve pacientemente e responde com cuidado, amor e restauração.

Na cultura atual, especialmente na fé cristã, muitas vezes somos pressionados a ser extraordinários, felizes o tempo todo e resistentes a qualquer tipo de tristeza. A positividade tóxica, que minimiza a dor e glorifica a negação dos sentimentos, tornou-se uma marca de muitos discursos cristãos. O diálogo de Deus com Elias, porém, nos mostra uma perspectiva radicalmente diferente. O Senhor não exige que o profeta esconda sua tristeza ou sufoque seus sentimentos para continuar no ministério, pois entende que Elias está sobrecarregado. A prioridade é a recuperação emocional e espiritual do profeta, o que reflete um Deus que valoriza o coração dos servos acima das realizações ministeriais.

Deus não precisa da nossa força nem do nosso desempenho. Ele deseja nosso coração, ainda que esteja quebrado, triste ou em crise, pois os sentimentos e quem somos, inclusive a dor e as dúvidas, são mais importantes do que as obras ministeriais.

O cuidado de Deus com Elias — ao ouvi-lo, alimentá-lo e restaurar sua identidade e seu propósito — nos traz à memória que Deus não é um executivo exigente, mas um Pai amoroso que deseja nos encontrar onde estamos. Ele entende que o ministério só pode fluir de um coração saudável; por isso, nos convida a apresentar-lhe nossa tristeza e falhas sem medo de recriminação. Para Deus, o relacionamento é sempre mais importante do que o desempenho.

O Senhor cuida do ser humano de modo integral — corpo, alma e espírito. Primeiro, Deus atende às necessidades físicas do profeta. Ele envia um anjo que oferece água e pão assado, permitindo que Elias recupere suas forças físicas após um período de esgotamento extremo. Esse cuidado demonstra que, em meio ao sofrimento, nosso corpo não deve ser negligenciado, uma vez que o bem-estar físico é essencial para enfrentar os desafios emocionais e espirituais. Da mesma forma acontece na atualidade; cristãos em sofrimento muitas vezes precisam buscar apoio médico para tratar questões como insônia, fadiga extrema ou outras condições físicas que agravam a dor emocional. Abordarei esses temas no final deste livro.

Em seguida, no cuidado da alma, Deus realiza uma espécie de psicoterapia divina ao abrir espaço para que Elias desabafe. A pergunta "O que você está fazendo aqui, Elias?" oferece ao profeta tempo para reflexão e expressão emocional livre e sem filtros religiosos.

Elias verbaliza dor, solidão e desespero sem ser repreendido. Com paciência, o Senhor responde com a reafirmação da presença e do propósito para a

O SOFRIMENTO PSIQUIÁTRICO E A DIFICULDADE DE TRAZER À MEMÓRIA O QUE TRAZ ESPERANÇA **47**

vida do profeta. Aprendemos, então, que, no sofrimento, falar das emoções é fundamental, e a psicoterapia pode ser um instrumento importante para ajudar a processar as dores e ressignificar as experiências difíceis. Assim como Deus ouviu Elias, cristãos em sofrimento podem encontrar na terapia um lugar seguro para serem ouvidos e cuidados.

Por fim, Deus cuida do espírito de Elias ao se revelar na brisa suave, mostrando sua presença grandiosa, que está presente não apenas em eventos sobrenaturais espetaculares, mas também no silêncio e na intimidade. Esse encontro restaurou a fé e a esperança do profeta de modo a reorientá-lo para cumprir o restante de sua missão com um espírito renovado.

Para os cristãos que atravessam períodos de dor, a espiritualidade saudável é um pilar fundamental para resgatar a força e o significado da existência. Além do cuidado médico e psicológico, encontrar-se com Deus na oração, leitura da Palavra e comunhão com outros cristãos é uma forma de consolo e propósito em meio ao sofrimento. Muitas vezes, este caminho simples é básico, é a brisa suave que precisamos em meio a dor e ao sofrimento. Grandes conferências e eventos não trarão conforto similar ao que boas conversas sem filtro com cristãos maduros produzem em nossa alma.

Assim como Deus cuidou integralmente de Elias, nós também devemos buscar uma abordagem integrativa para superar os momentos mais difíceis, levando em conta os cuidados com corpo, alma e espírito.

PRÁTICA 2
REFLEXÕES SOBRE O SOFRIMENTO PSIQUIÁTRICO E A BUSCA POR AJUDA. RESPONDA COM CALMA E TRANQUILIDADE, SEM PRESSA, ÀS SEGUINTES PERGUNTAS:

1. Como você reage ao sofrimento e à exaustão emocional?
Elias fugiu para o deserto quando teve medo e cansaço, isolando-se. Em momentos de dificuldade, você tende a buscar ajuda e consolo em Deus, ou a se afastar e tentar lidar com tudo sozinho?

_____

_____

_____

_____

Você tem vergonha ou medo de Deus por sentir-se um impostor?

2. Você permite que Deus cuide das suas necessidades físicas, emocionais e espirituais?

Deus cuidou de Elias integralmente ao oferecer-lhe comida, descanso, escuta e presença. Em tempos de sofrimento, você busca um equilíbrio saudável entre cuidar do corpo, da mente e do espírito?

O que tem levado você a não procurar ajuda? Será que você escutou ao longo da caminhada que não poderia ser fraco, mas deveria resolver as coisas com suas próprias forças e motivações?

3. Em quais mentiras a respeito de você ou da sua missão você tem acreditado em momentos de dificuldade?

Elias acreditava estar sozinho e ter uma missão inútil, o que distorcia a realidade. Na vida, quais pensamentos ou sentimentos podem obscurecer a visão de quem você é em Deus e do propósito que ele lhe deu?

O seu ministério ou sua vida de oração paralisaram diante da dor e do sofrimento?

_____

_____

_____

4. Como você percebe a voz de Deus no caos e no sofrimento?

Deus não se manifestou no terremoto, no vento forte ou no fogo, mas no vento suave. Você tem tirado tempo para ouvir a voz de Deus no silêncio e na quietude, ou espera que ele fale apenas de maneiras espetaculares e evidentes?

_____

_____

_____

_____

Você tem se permitido viver uma fé mais leve em meio ao sofrimento ou tem sido desafiado a entrar no modo "tudo ou nada", no qual a fé busca por soluções mágicas em vez de processos simples?

_____

_____

_____

5. O que você pode fazer hoje para buscar restauração em Deus e continuar em sua jornada?

Elias recebeu renovação física e espiritual, e seu ministério foi restabelecido com um propósito renovado. Quais atitudes práticas você pode colocar em ação — buscar ajuda médica, dedicar-se à oração, procurar apoio da igreja — para encontrar forças e retomar sua caminhada?

_____

_____

_____

_____

_____

_____

A forma que você aprendeu passar o tempo do sofrimento o ajuda ou o afasta da busca por restauração?

_____

_____

_____

_____

_____

Você tem buscado ajuda como um ser humano normal ou tem tentando ser um supercristão?

_____

_____

_____

_____

PRÁTICA 3
FAÇA A SEGUINTE ORAÇÃO

Senhor amado, venho a ti hoje para reconhecer minha fragilidade e necessidade de tua presença. Assim como Elias, muitas vezes me sinto cansado, confuso e sem forças para continuar. Há momentos em que a dor e o sofrimento distorcem a visão de quem eu sou em ti e me fazem questionar meu propósito. Pai, ajuda-me a me lembrar que minha identidade não está firmada nas minhas atitudes, mas no fato de eu ser teu filho amado, sustentado pela tua graça.

Senhor, dá-me sabedoria para lidar com o sofrimento, para não fugir nem me esconder, mas para buscar em ti a força necessária para seguir adiante. Quando pensamentos de inutilidade ou a síndrome do impostor tomarem conta da minha mente, lembra-me, ó Deus, de que tu não me chamas por minhas capacidades, mas por teu amor e propósito. Ensina-me a descansar em ti e a confiar que, mesmo quando não vejo saída, tu estás comigo, cuidas meu corpo, da minha alma e do meu espírito.

Pai, em momentos de paralisia espiritual diante da dor, capacita-me a ouvir o teu sussurro suave, a sentir o teu toque restaurador e a me lembrar de que tua presença é maior do que qualquer tempestade. Fortalece meu coração para não desistir. Renova minha fé para seguir em frente e reaviva em mim o senso de propósito que só pode vir de ti. Obrigado por teu cuidado, paciência e por nunca me abandonar, mesmo quando me sinto perdido. Em nome de Jesus, amém.

PRÁTICA 4
VERSÍCULO PARA MEDITAÇÃO

O Senhor lhe disse:
— Volte pelo caminho por onde veio e vá para o deserto de Damasco. Chegando lá, unja Hazael como rei de Arã.
(1Reis 19:15)

Reflita: Há muito para você viver após sua dor e seu sofrimento; siga em frente.

5

O mistério do sofrimento: lidando com o "por quê"

E agora esvai-se a minha vida;
estou preso a dias de sofrimento.
A noite penetra os meus ossos;
as minhas dores me corroem sem cessar.
(Jó 30:16-17)

Nós não somos nem de longe os seres que deveríamos ser. Portanto, não deveríamos nos surpreender se o processo de nos tornarmos o que Deus deseja envolve sofrimento.
— C. S. Lewis (*O problema do sofrimento*)

Falar de sofrimento e dos motivos dele existir em nossa vida nem sempre consola nosso coração. Sei, por experiência própria, que determinados assuntos não são aprendidos em tratados ou livros de teologia; ainda assim, o conhecimento pode nos dar alicerces para uma compreensão mais ampla das nossas dores, de tal maneira que possamos dar andamento à vida.

Não é fácil lidar com o sofrimento, sobretudo, como disse anteriormente, numa época em que o bem-estar e a felicidade se tornaram ídolos da sociedade. Além disso, o sofrimento foge muito da nossa compreensão; podemos ter dores difíceis de serem compreendidas pelas demais pessoas. Quem sofre vive emoções antagônicas e faz questionamentos sinceros a Deus.

Qual o motivo do seu sofrimento hoje?

Maria era mãe de um filho com autismo mais grave. Ajoelhada ao lado da cama de seu filho, sentia o peso esmagador de uma rotina que parecia nunca mudar. "Senhor, por que o meu pequeno precisa enfrentar tantas barreiras? Por que ele não pode viver como as outras crianças?", orava. Com os olhos cheios de lágrimas, via o filho balançar no mesmo movimento repetitivo, alheio ao mundo ao redor. "Eu sei que o Senhor é bom, mas onde está sua bondade quando vejo meu filho lutar para se comunicar, para se conectar, para viver? Eu o amo tanto, mas às vezes parece tão difícil continuar. Será que o Senhor me ouve, Deus? Será que entende minha solidão, minha exaustão?", continuava a oração. O silêncio parecia ser a única resposta.

Enquanto isso, João, sentado na cadeira do hospital, olhava para o teto enquanto o soro pingava lentamente em sua veia. "Meu Deus, eu sempre confiei em ti. Sempre procurei te honrar com minha vida, então por que tenho câncer? Por que esta sentença de morte?", questiona com coração sincero. O medo do futuro roubava-lhe o sono, e o vazio da incerteza consumia sua alma. "Será que o Senhor quer me ensinar algo? Será que é um castigo que eu não consigo compreender? Eu tenho medo de deixar minha família, de não ver meus filhos crescerem. Por que um Deus amoroso permite que a vida seja tão cheia de dor e perdas?", acrescentava aos questionamentos. Sua voz não passava de um sussurro abafado pela dor física e pela batalha emocional que vivia. De fato, para muitos cristãos, o sofrimento é estarrecedor.

Marta, por sua vez, apertava o travesseiro contra o rosto, tentando silenciar os soluços que a consumiam. O divórcio havia deixado um buraco em sua alma, algo que nem mesmo orar parecia resolver. "Senhor, eu não escolhi isso! Eu lutei, eu orei, eu acreditei que o Senhor restauraria meu casamento. Por que isso aconteceu? Por que o Senhor permitiu que ele se fosse, que ele desistisse de nós?", gritava ela por socorro. O abandono parecia uma ferida impossível de sarar, e a vergonha queimava em sua mente como fogo. "O Senhor prometeu nunca me abandonar, mas por que parece que estou tão sozinha agora? Eu sei que o Senhor é fiel, mas, Deus, por que meu coração ainda está em pedaços?", perguntava, atormentada. Entre lágrimas, ela questionava se algum dia entenderia os caminhos insondáveis de Deus.

Talvez sua dor seja diferente das vivenciadas por Maria, João e Marta. Independentemente de qual seja o motivo do seu sofrimento, desabafos honestos a Deus revelam a profundidade da dor que parece não ter sentido, pelo menos aos olhos humanos. É realmente difícil lidar com o sofrimento e conectá-lo à certeza de que Deus é amoroso. Muito provavelmente, nossa busca se tornará um honesto "por quê?".

PRÁTICA 1
RESPONDA COM SINCERIDADE ÀS PERGUNTAS A SEGUIR

Você já fez questionamentos como os de Maria, João e Marta, anteriormente apresentados? Quais foram as suas motivações?

_____

_____

_____

Se Deus é bom, por que existe o sofrimento?

_____

_____

_____

Por que o Senhor permite o mal?

_____

_____

_____

Vamos percorrer alguns pontos importantes do livro de Jó para nos ajudar na jornada de refletir sobre questionamentos sinceros de corações que sofrem. Antes de prosseguir, porém, leia meu relato do período do nascimento do meu filho.

Durante a gestação do nosso primeiro filho, Simone e eu vivemos dias de grande angústia e incerteza. As primeiras suspeitas de que ele poderia nascer com Síndrome de Down chegaram como um golpe inesperado. A cada exame, sentíamos o peso de um futuro que parecia cinzento e amedrontador. As noites eram marcadas por orações cheias de ansiedade e lágrimas silenciosas, enquanto tentávamos encontrar respostas para perguntas que nem sequer sabíamos formular. Optamos por não fazer nenhum exame invasivo, mas aguardar pelo diagnóstico final na sala de parto logo após o nascimento. Foram meses de apreensão e dúvidas sinceras diante de Deus.

Assim que Tiago nasceu, veio a confirmação e com ela uma mistura de medo, ansiedade, incapacidade e até revolta. Eu, particularmente, enfrentei momentos em que questionei e derramei ao Senhor todos os meus

O MISTÉRIO DO SOFRIMENTO: LIDANDO COM O "POR QUÊ"

55

temores e aflições mais íntimos. Perguntei a Deus por que ele permitira que nosso filho carregasse pela vida inteira um fardo que eu julgava ser tão pesado, pois, como psiquiatra, eu via de perto o sofrimento de pais de crianças atípicas. Simone e eu nos agarrávamos ao pouco de fé que ainda conseguíamos sustentar. Os primeiros dias foram difíceis, marcados por uma sensação esmagadora de impotência e fragilidade.

Passados onze anos, consigo olhar para trás e ver aquele momento como um marco transformador em nossa vida. Nosso filho tem sido um canal poderoso da providência de Deus em nossa família. Ele nos ensina, todos os dias, sobre amor incondicional, renúncia e a beleza que existe nas coisas simples. Antes havia medo, hoje há gratidão; antes havia revolta, hoje há adoração ao Senhor soberano que escreve histórias perfeitas, mesmo nas páginas incompreendidas de imediato. Não se trata de negar a existência de desafios imensos, mas de não perceber a providência de Deus no que aparenta ser fraco e imperfeito.

O sofrimento que parecia tão cruel tornou-se instrumento de Deus para nos ensinar acerca da soberania e do amor divinos. Nosso filho, com sua doçura e alegria contagiantes, moldou nosso caráter e nos revelou o quanto somos dependentes do Pai celeste que tem amor profundo por nós. Com Tiago, aprendi mais sobre a graça divina do que jamais poderia imaginar e posso dizer, com o coração pleno, que Deus não nos deu apenas um filho especial, mas um mestre sobre como viver para a glória do Senhor. Com essas afirmações, não estou negando as dificuldades de ser pai atípico, mas é inegável que a jornada que tenho vivido mudou totalmente minha maneira de ver a vida.

Obviamente, nem sempre conseguimos olhar para trás e enxergar com clareza a bondade de Deus em cada circunstância. Algumas perguntas permanecem sem respostas, como ecos de uma dor que nunca se cala completamente. Há dias em que temos raiva, medo e os questionamentos voltam a nos visitar, como um lembrete da nossa fragilidade e da amplitude do sofrimento. Contudo, aprendi que a jornada com Deus não depende da minha compreensão plena dos caminhos do Senhor, mas da confiança de que ele nos conduz mesmo quando tudo parece confuso ou doloroso.

Os sentimentos que vivenciamos, por mais difíceis que sejam, não anulam nem impedem a ação de Deus. Ele continua a moldar nosso caráter, transformar nosso coração e a derramar sua graça. Aceitar que algumas respostas talvez nunca nos sejam dadas nesta vida é um ato de fé, pois, mesmo na escuridão das dúvidas, Deus permanece soberano e bom; ele usa cada momento, inclusive os mais difíceis, para nos conformar à imagem de Cristo e nos ensinar a depender totalmente dele.

Sofrimento escancarado

Quando lemos as Escrituras, nenhum texto nos mostra de maneira tão escancarada reflexões sobre o sofrimento e o mal quanto o livro de Jó, um dos diversos personagens bíblicos que desejou morrer durante um sofrimento angustiante:

> *Por que não morri ao nascer*
> *e não pereci quando saí do ventre materno?*
> *Por que houve joelhos para me receberem*
> *e seios para me amamentarem?*
> *Agora eu bem poderia estar deitado em paz;*
> *eu dormiria e acharia repouso.*
> (Jó 3:11-13)

Abandonado e incompreendido, ele exclama:

> *Ele afastou de mim os meus irmãos;*
> *até os meus conhecidos estão longe de mim.*
> *Os meus parentes me abandonaram,*
> *e os meus amigos esqueceram-se de mim.*
> *Os meus hóspedes e as minhas servas consideram-me estrangeiro;*
> *veem-me como um estranho.*
> *Chamo o meu servo, mas ele não me responde,*
> *ainda que eu lhe implore pessoalmente.*
> *O meu hálito é repugnante à minha esposa;*
> *causo nojo aos meus aos meus próprios irmãos.*
> *Até os meninos zombam de mim, e dão risada quando apareço.*
> *Todos os meus amigos chegados me detestam;*
> *aqueles a quem amo voltaram-se contra mim.*
> (Jó 19:13-19)

Devastado emocional e fisicamente, grita:

> *E agora esvai-se a minha vida;*
> *estou preso a dias de sofrimento.*
> *A noite penetra os meus ossos;*
> *as minhas dores me corroem sem cessar.*
> *[...]*

A agitação no meu íntimo não tem fim;
dias de sofrimento me confrontam.
(Jó 30:16-17, 27)

A narrativa de Jó é uma das mais profundas e perturbadoras da Bíblia, pois apresenta o sofrimento nu e cru, além de confrontar nossa percepção sobre Deus, a vida e a dor. A história de Jó oferece um retrato detalhado de um homem justo, afligido por dores aparentemente inexplicáveis, que luta para entender sua experiência enquanto sua fé é colocada à prova.

O sofrimento de Jó é introduzido no contexto de uma conversa celestial entre Deus e Satanás, que questiona a sinceridade da fé de Jó, sugerindo que a devoção daquele homem a Deus está ligada às bênçãos que ele recebe. Deus, soberano e totalmente no controle, permite que Satanás aflija Jó, primeiro em seus bens e filhos; depois, em sua saúde. Este é um dos aspectos centrais do sofrimento no livro de Jó: ele não é fruto direto de um pecado pessoal, mas de um propósito maior que excede a compreensão humana. O livro de Jó, já no início, pulveriza qualquer teologia de causa e efeito, e desconstrói a ideia de que podemos barganhar com Deus. Todo sofrimento tem sombras no mundo espiritual que nunca conseguiremos ver na totalidade.

É essencial compreendermos que o sofrimento de Jó foi totalmente permitido e controlado por Deus, por mais chocante que essa verdade possa parecer. Se hoje, em nossos cursos de "batalha espiritual", damos excessiva ênfase a Satanás, o livro de Jó mostra o extremo oposto: o Senhor governa e controla o sofrimento de seus filhos. Satanás, como bem afirmou Martinho Lutero, é um cachorro na coleira de Deus que só pode ir até onde Deus lhe permite.

Não há acaso no sofrimento. Deus governa todas as coisas. O livro de Jó confirma que Satanás age apenas dentro dos limites permitidos pelo Senhor. Essa certeza reforça a soberania do Senhor e a garantia de que, mesmo em meio ao sofrimento mais doloroso e inexplicável, Deus governa com propósitos bons e justos. Nunca teremos uma mente com capacidade cognitiva suficiente para entender os mistérios de Deus.

Jó vivencia perdas inimagináveis: filhos, propriedades, saúde e, finalmente, posição na comunidade. A resposta inicial de Jó é uma demonstração de fé extraordinária: "O Senhor o deu, o Senhor o tomou; bendito seja o nome do Senhor" (Jó 1:21). Contudo, à medida que o tempo passa, a intensidade da dor emocional emerge, e ele lamenta sua condição, amaldiçoa o dia de seu nascimento e luta para compreender o porquê de tamanho sofrimento.

Na jornada de conviver com a dor, podemos começar com demonstrações de fé, mas, aos poucos, o sofrimento emocional compromete de tal maneira nossa interpretação da realidade e nossa visão do próprio Deus que a fé tende a minguar. Jó, por exemplo, exibe uma ampla gama de emoções, que incluem tristeza profunda, desespero, perplexidade e, em alguns momentos, raiva. Essas emoções refletem que, em sua humanidade, ele se sente abandonado, apesar de nunca perder a consciência da existência de Deus, que deve ser buscado. A experiência emocional de dor, angústia e até frustração não é incompatível com a fé.

O livro de Jó também nos ensina que expressar emoções diante de Deus é parte de uma relação autêntica com o Senhor. Contudo, uma das maiores angústias de Jó foi sua incapacidade de compreender a causa de seu sofrimento. Seus amigos tentam explicar sua dor, baseados na ideia de que todo sofrimento é resultado de pecado pessoal ou falha. Jó rejeita essa noção, por saber de sua vida vida justa diante de Deus, mas também não consegue encontrar uma resposta satisfatória para sua condição.

Eu me recordo de uma ocasião em que um casal de amigos estava com um filho em situação grave no CTI. Alguns parentes, ao visitarem a família, diziam que aquela situação era para que Deus quebrantasse o coração deles e trouxesse cura para o casamento, sem se atentarem ao fato de que eles viviam uma excelente relação conjugal. Quando sofremos, sempre surgem os "amigos de Jó" que tentam trazer respostas superficiais para dilemas complexos: pessoas peritas em teologia na vida dos outros que sucumbem quando o sofrimento bate na própria porta. Aconselhar alguém que passa por um sofrimento é uma tarefa séria, e o livro de Jó nos mostra essa verdade.

No início, os amigos de Jó fizeram exatamente o que qualquer pessoa em sofrimento mais necessita: ficaram em silêncio e ouviram os sofrimentos do amigo que estava em grande angústia. Sentaram-se com ele por sete dias e sete noites em escuta da dor sem mencionar uma palavra sequer. Esse silêncio foi um gesto poderoso de solidariedade, pois há momentos em que nenhuma palavra pode aliviar a dor; nada precisa ser dito; a simples companhia é um ato de amor e cura. No entanto, quando finalmente abriram a boca, começaram a tentar explicar o inexplicável, e o conforto inicial se transformou em mais sofrimento para Jó.

Determinados a encontrar uma razão para a tragédia que havia se abatido sobre Jó, em vez de consolar, os amigos fizeram pesadas acusações. Aqueles homens eram, notoriamente, reféns de uma espiritualidade baseada em causa e efeito, uma teologia de barganha. Para eles, Deus recompensava os bons e punia os maus de maneira imediata, evidente e proporcional. Essa visão limitada os levou a concluir que Jó deveria ter cometido algum pecado oculto para sofrer tanto. "Pense bem", disseram eles, "quem, sendo inocente, chegou a perecer? Onde os íntegros foram destruídos?" (Jó 4:7). Em vez de consolar Jó, eles o acusaram injustamente, adicionando culpa e vergonha ao peso de sua dor inexplicável.

Para uma pessoa em sofrimento, esse tipo de abordagem pode ser devastadora, uma vez que ignora o mistério dos planos de Deus e sugere que a culpa da dor é de quem já está esmagado pelo sofrimento. Pessoas em sofrimento não precisam de respostas plastificadas de fé, de clichês ou de argumentos para "defender Deus". Na maioria dos casos, quem tenta explicar o inexplicável o faz sem compreender o que realmente está acontecendo no mundo espiritual. Tentando advogar por Deus, deixamos de ser bons conselheiros.

Como os amigos de Jó, é fácil supor ou julgar, mas essa postura raramente traz alívio. Pelo contrário, agrava o sofrimento, gera confusão e pode até levar a pessoa a questionar sua relação com Deus. O livro de Jó nos ensina que há valor imenso em simplesmente ouvir, em ser uma presença amiga sem a necessidade de oferecer respostas ou explicações. Há mistérios que pertencem ao Senhor, e tentar simplificá-los ou explicá-los pode causar mais dor do que gerar cura. Em vez disso, somos chamados a amar em silêncio, a chorar com os que choram e a confiar que Deus está presente apesar de não conseguirmos entender seus caminhos. Mais adiante no texto bíblico, Deus repreendeu os amigos de Jó, o que devemos levar em consideração antes de emitir julgamento acerca do sofrimento de alguém que está perto de nós.

Ao analisar o relato completo das Escrituras, porém, vemos que o silêncio divino prolongado agravou a dor de Jó. Ele clama a Deus repetidamente, na tentativa de se perceber ouvido. Quando Deus finalmente fala, não oferece a Jó uma explicação direta, mas revela sua majestade e soberania sobre toda a criação. Deus desafia aquele homem em sofrimento a considerar que a compreensão humana é limitada e não pode abarcar os planos e propósitos elevados que acontecem no céu desde o início da criação. Essa resposta não elimina a dor de Jó, mas o leva a reconhecer a grandeza do Senhor e a confiar nele, mesmo sem respostas completas.

Aprendemos com o livro de Jó que nem sempre teremos as respostas desejadas durante o sofrimento. Jó morreu sem receber a explicação que tanto buscava para sua dor, pois Deus nunca lhe revelou os detalhes do diálogo celestial que permitiu seus sofrimentos, nem justificou os propósitos divinos a Jó. Em vez disso, o Senhor lhe respondeu mostrando sua majestade e soberania, confrontando a incapacidade humana de compreender a vastidão e a complexidade do Universo. "Onde você estava quando lancei os alicerces da terra?" (Jó 38:4), perguntou Deus, levando Jó a reconhecer seu conhecimento limitado diante do infinito e eterno Senhor do Universo.

A resposta divina não resolve o mistério do sofrimento para Jó, mas aponta para a confiança em um Deus que é maior do que nossas perguntas e dúvidas. Por motivos que permanecem em sua sabedoria insondável, o Senhor frequentemente escolhe não nos revelar tudo o que está acontecendo. Em vez disso, ele nos chama a confiar nele apesar dos propósitos ocultos, lembrando-nos de que a soberania não depende da nossa compreensão, mas da bondade imutável e dos propósitos eternos.

Às vezes, ouvimos que, na eternidade, Deus nos revelará os motivos de cada sofrimento que passamos na terra. Compreendo essa abordagem, mas penso que, ao nos depararmos com a grandeza de nosso Criador e o vermos face a face, muitas perguntas não precisarão de respostas, uma vez que ver a glória de Deus e viver em plenitude reduzirá nossas perguntas a nada, tamanha a grandeza da revelação de quem Deus é na totalidade.

Registre isto: talvez Deus não revele a você o porquê de muitos dos seus sofrimentos.

No final do livro, Deus restaura Jó, dando-lhe uma nova família, riquezas dobradas e uma vida longa. A restauração material, entretanto, não é o foco principal; a verdadeira restauração de Jó ocorre em seu relacionamento com Deus quando ele confessa: "Eu te conhecia só de ouvir, mas agora os meus olhos te veem" (Jó 42:5). A experiência de sofrimento levou Jó a um entendimento mais profundo da soberania e da bondade de Deus. O sofrimento tornou Jó mais amigo de Deus, e é isso que o Senhor muitas vezes deseja fazer conosco em meio à dor.

O testemunho desse homem justo nos ensina que o sofrimento tem propósitos redentores, ainda que não os compreendamos completamente. Sob essa perspectiva, entendemos que todas as coisas cooperam para o bem daqueles que amam a Deus (Romanos 8:28). Jó aponta para Cristo, o Justo, o servo sofredor que padeceu para redimir seu povo. Assim como Jó intercedeu por seus amigos no final, Cristo intercede por nós e nos garante que nosso sofrimento não será em vão.

As emoções de Jó nos mostram que é normal sentirmos dor, perplexidade e até desesperança durante o sofrimento. Também nos ensina que Deus é suficiente para sustentar seu povo em meio às tempestades da vida. A resposta ao sofrimento não é encontrada na lógica, tampouco na filosofia, mas está no relacionamento íntimo com Deus, que nos vê como filhos, e não como meros aprendizes dos desígnios divinos.

Deus governa o Universo com sabedoria infinita e propósito eterno. Nada escapa a seu controle. A história de Jó nos lembra que, mesmo quando o sofrimento parece sem sentido, Deus continua soberano. Ele permite o

O MISTÉRIO DO SOFRIMENTO: LIDANDO COM O "POR QUÊ" 61

sofrimento porque enxerga o fim desde o início e usa, inclusive, a dor para seus propósitos redentores. Para aqueles que lutam contra doenças psiquiátricas, como depressão ou ansiedade, o sofrimento emocional pode parecer avassalador, fazer com que as noites pareçam intermináveis e a esperança distante. Jó nos mostra que Deus não ignora nossas dores, ainda que tenhamos a percepção de que o céu está em silêncio.

A soberania divina não anula o cuidado de Deus; pelo contrário, é a garantia de que ele não apenas conhece nossas lágrimas, mas também as coleta (Salmos 56:8).

Jó clamou a Deus em meio ao caos com sua mente e coração tumultuados pelas perdas que sofreu. Ele não entendia por que tudo aquilo estava acontecendo, mas continuou voltando-se ao Senhor em busca de respostas. Muitas vezes, na luta contra o sofrimento emocional e mental, sentimos que Deus está distante, ou que nossas orações não atravessam o teto. No entanto, a história de Jó nos mostra que o Senhor nos ouve, mesmo quando não responde imediatamente.

Assim, o silêncio de Deus não equivale à ausência dele, mas a um convite para confiarmos na presença constante apesar da falta de respostas. O Pai celeste não ignora nossa dor, mas trabalha nela e por meio dela para nos moldar à imagem de Cristo e nos ensinar a depender dele em meio à escuridão.

A história de Jó também é um testemunho de que Deus valoriza nossa fé, inclusive quando ela se expressa por lágrimas e questionamentos. Jó não escondeu sua dor ou perplexidade; ele questionou, lamentou e até mesmo desabafou sua frustração diante de Deus. Ainda assim, Jó foi considerado justo. Essa vivência nos ensina que a fé não exige ausência de dúvidas nem de emoções intensas, mas é demonstrada mediante a escolha de continuar voltando-se a Deus no meio do caos emocional e da dor.

Para quem enfrenta a angústia de uma doença mental, a perseverança de Jó é um lembrete de que Deus vê e valoriza cada pequeno ato de fé, cada oração balbuciada e os clamores feitos com lágrimas. Jó nos aponta para Cristo, o servo sofredor perfeito que entende nossas dores e carregou o peso de nosso sofrimento na cruz. Assim, quando não temos todas as respostas, podemos confiar que Deus está no controle e que nosso sofrimento tem um propósito em suas mãos soberanas.

A leitura do livro de Jó nos ensina, então, que a esperança em Deus nunca é em vão, pois nosso sofrimento não é esquecido, tampouco nossa luta passa despercebida. No tempo certo, o Senhor trará redenção e restauração, mesmo que não seja da maneira que esperamos. Nesse ínterim, podemos nos agarrar à certeza de que Deus está conosco, trabalhando para o nosso bem e para a sua glória.

PRÁTICA 2
VAMOS REFLETIR SOBRE COMO A HISTÓRIA DE JÓ E DE SEUS AMIGOS PODE NOS AJUDAR A ACONSELHAR PESSOAS EM SOFRIMENTO

O que um cristão não deve dizer a alguém em sofrimento, com base nos amigos de Jó:

1. "Você deve estar sofrendo porque há algum pecado oculto em sua vida."
2. Os amigos de Jó presumiram errado quando imaginaram que todo sofrimento é resultado direto de pecado (Jó 4:7-8). Essa abordagem é insensível e frequentemente falsa.
3. "Se você tivesse mais fé, isso não estaria acontecendo."
4. Jó era justo e piedoso; ainda assim, enfrentou grande sofrimento. A fé não nos torna imunes à dor.
5. "Deus está o punindo por algo que você fez."
6. Os amigos de Jó retrataram Deus como disciplinador cruel e ignoraram a complexidade do sofrimento e os propósitos maiores de Deus (Jó 5:17).
7. "Você só precisa ser mais positivo; Deus vai abençoá-lo em breve."
8. Simplificar o sofrimento nos termos do pensamento positivo minimiza a profundidade da dor e inibe o processo de lamentação, confissão e expressão honestas de nossas dores.
9. "Se você orar ou se consagrar mais, isso vai passar."
10. Embora a oração seja essencial, essa abordagem faz barganha com a graça de Deus e coloca uma carga injusta sobre quem sofre.

O que um cristão pode dizer a alguém em sofrimento, com base no livro de Jó:

1. "Não consigo entender completamente o que você está passando, mas estou aqui para caminhar ao seu lado."
2. Reflete empatia e presença, em vez de uma tentativa de resolver o sofrimento com explicações superficiais para dilemas complexos.
3. "Deus ainda está no controle, mesmo quando não entendemos o porquê de tudo isso."
4. Aponta para a soberania de Deus sem oferecer respostas simplistas.
5. "Você pode ser honesto com Deus a respeito dos seus sentimentos. Jó fez isso, e Deus o ouviu."

O MISTÉRIO DO SOFRIMENTO: LIDANDO COM O "POR QUÊ" 63

6. Encoraja a autenticidade no relacionamento com Deus, mesmo em meio à dor.
7. "Acredito que Deus vê suas lágrimas e que ele se importa muito com você."
8. Reafirma a compaixão de Deus sem ignorar a realidade do sofrimento.
9. "Não tenho todas as respostas, mas podemos orar juntos e buscar conforto na presença de Deus."
10. Além de demonstrar amor (não há gesto maior de amor que a intercessão), essa abordagem reconhece as limitações humanas e aponta para a dependência de Deus.

PRÁTICA 3
FAÇA ESTA ORAÇÃO

Senhor todo-poderoso, venho diante de ti, como Jó fez, com o coração pesado e cheio de perguntas. Não entendo o porquê do meu sofrimento, nem consigo enxergar teus propósitos em meio a tanta dor. Sinto-me perdido, como se as trevas me envolvessem e as respostas que busco parecessem distantes. Ó Senhor, por que estou enfrentando isso? Por que tu, que és tão bom e justo, permites que eu passe por tamanha aflição? Não consigo ver o quadro completo, e minha alma clama por entendimento.

Sei que tu és maior do que minha compreensão pode alcançar. O Senhor estendeu os céus, lançou os fundamentos da terra e sustenta todas as coisas pelo teu poder. Assim como revelaste a Jó a tua grandeza e o controle soberano sobre tudo, peço-te, revela-te a mim. Mostra-me que estás comigo, apesar do meu coração estar esmagado. Ajuda-me a lembrar que nada, absolutamente nada, está fora do teu controle.

Senhor, sei que há batalhas no mundo espiritual que estão além do que posso ver ou entender e confio que tu reinas, que o Inimigo só pode agir dentro dos limites que tu mesmo estabeleces. Não permitas que meu coração seja tomado pelo desespero ou pela dúvida sobre o teu caráter. Sei que és bom, que me amas e que, no sofrimento, também operas para o meu bem e para a tua glória.

Meu Deus, dá-me a força para continuar confiando em ti, como Jó confiou. Apesar dos meus questionamentos, quero declarar que tu és digno, santo e teus caminhos são perfeitos. Ajuda-me a entregar minha dor e confusão em tuas mãos e a descansar na certeza de que tu sabes de todas as coisas. Sustenta-me, Senhor, e guia-me com tua mão poderosa. Em nome de Jesus, teu Filho amado, que também sofreu e venceu, eu oro. Amém.

PRÁTICA 4
A SEGUIR, LISTE OS "POR QUÊS" DE SUA VIDA HOJE. LEVE-OS A DEUS EM ORAÇÃO E CONFIE NO AMOR DIVINO.

_____

_____

_____

_____

_____

_____

_____

_____

_____

_____

PRÁTICA 5
MEDITE NO SEGUINTE VERSÍCULO:

Sei que podes fazer todas as coisas;
nenhum dos teus planos pode ser frustrado.
(Jó 42:2)

6

O duro conflito entre fé e emoções durante o sofrimento

Depois dessas coisas, a palavra do SENHOR veio a Abrão em uma visão: "Não tenha medo, Abrão! Eu sou o seu escudo; a sua recompensa será muito grande."
Abrão, porém, perguntou:
— Ó Soberano SENHOR, que me darás se continuo sem filhos e o herdeiro da minha casa é Eliézer de Damasco?
Ele acrescentou:
— Veja, tu não me deste descendência! Um filho entre os da minha casa será o meu herdeiro!
Então, a palavra do SENHOR veio a ele:
— O seu herdeiro não será esse. Aquele que for gerado por você será o seu herdeiro!
Levando-o para fora da tenda, disse-lhe:
— Olhe para o céu e conte as estrelas, se é que pode contá-las.
Então, prosseguiu:
— Assim será a sua descendência.
Abrão creu no SENHOR, e o SENHOR lhe atribuiu isso como justiça.
(Gênesis 15:1-6)

O Deus cristão é um Deus de promessas, de aliança, e o cumprimento delas ocorre exclusivamente por sua graça e misericórdia. A aliança de Deus nos é garantida mediante a graça, o amor e a fidelidade, não por mérito nosso. Quantos projetos tenho vivido hoje que Deus colocou em meu coração em torno de vinte anos atrás! Muitas promessas que pareciam impossíveis, mas que Deus as executou a despeito de minhas crises de fé.

Durante o sofrimento, é muito importante compreendermos que não somos robôs. Nos capítulos anteriores, demonstrei como nossas emoções podem ser corroídas pelo sofrimento e como homens de Deus sofreram emoções terríveis, beirando a angústia. Agora precisamos compreender que nossa fé, em seus pilares, também poderá ter oscilações, o que é perfeitamente normal.

As Escrituras nos trazem o consolo maravilhoso de saber que, apesar de sermos imperfeitos, Deus segue nos amando. Definitivamente, Deus já sabia que iríamos duvidar antes da fundação do mundo, mas mantém seus projetos para nós.

Talvez você esteja passando por um sofrimento tão grande que o faça duvidar, mas saiba que é perfeitamente normal. Afinal, a menos que você tenha sérios problemas psiquiátricos, suas emoções sofrerão duros golpes quando nada no horizonte parecer estar como o que Deus tem prometido para sua vida no longo prazo. O melhor exemplo bíblico para entendermos a construção progressiva da fé em nosso coração é Abraão.

Em Gênesis 15, vemos a grandiosidade do projeto de Deus para Abraão, um homem comum, chamado para viver uma vida extraordinária (em Deus). O Senhor o escolheu para ser o pai de uma grande nação e lhe prometeu que esse povo seria tão numeroso quanto as estrelas do céu.

Ele acalma os temores de Abraão com palavras que percorrem o tempo e chegam a nós: "Eu sou o seu escudo; grande será a sua recompensa!". Mais do que meras promessas, Deus garante proteção e provisão ao longo do caminho. Quem não gostaria de ouvir isso?

Abraão, cujo nome originalmente era Abrão, foi uma figura central na história da redenção e ficou conhecido como o "pai da fé". Ele não era perfeito, mas foi chamado por Deus para deixar tudo o que tinha e tão somente confiar em uma promessa aparentemente impossível: ser pai de uma grande descendência, apesar de sua velhice e da esterilidade de sua esposa, Sara. Abraão creu no Senhor, mesmo quando os olhos humanos não conseguiam ver como aquilo seria possível. Sua fé foi-lhe creditada como justiça, não por ser perfeita, mas porque ele confiava que Deus faria o impossível.

A promessa de Deus a Abraão era abrangente, tanto em extensão quanto em significado. Não se tratava apenas de dar-lhe um filho, mas de torná-lo pai de uma multidão, por meio da qual todas as famílias da terra seriam abençoadas. Essa promessa apontava para um plano maior: a redenção cumprida em Cristo. Ao prometer a Abraão uma descendência tão numerosa, incontável, Deus começava a desenrolar a aliança de salvação para a humanidade. A promessa não estava restrita apenas para Abraão, mas previa cada um de nós também.

Nesse texto de Gênesis, Deus reafirma sua promessa com ternura. Ele conhecia os temores de Abraão, sabia de suas dúvidas e fraquezas.

Por bondade, Deus, conhecedor do coração inquieto de Abraão, o conduz para fora da tenda e lhe mostra as estrelas, como se dissese: "Olhe para a imensidão do céu e veja como os meus planos são maiores que a sua visão limitada. Confie em mim".

Assim como Abraão, somos chamados a descansar na soberania de Deus, a confiar que os bons planos dele vão se cumprir, ainda que estejam além do que podemos entender ou merecer. Deus transforma promessas em realidade, nos chama para algo maior do que nós mesmos e nos sustenta pelo caminho. Assim como lembrou a Abraão, ele nos reafirma que a verdadeira segurança está na presença divina e que a maior recompensa é conhecê-lo e viver debaixo de seu cuidado fiel.

A história nos convida a refletir sobre os planos de Deus para nossa vida, que frequentemente transcendem o que achamos ser possível e nos desafia a confiar na fidelidade de quem sempre cumpre suas promessas. Contudo, é um engano achar que nossa fé não vai vacilar ao longo do caminho.

> *Sarai, mulher de Abrão, não lhe dera nenhum filho. Como tinha uma serva egípcia chamada Hagar, disse a Abrão:*
> *— Já que o* SENHOR *me impediu de ter filhos, deite-se com a minha serva; talvez eu possa formar família por meio dela.*
> *Abrão aceitou a proposta de Sarai. Então, Sarai, a mulher de Abrão, tomou Hagar, a sua serva egípcia, e a deu a Abrão, o seu marido, como mulher. Isso aconteceu quando já fazia dez anos que Abrão vivia em Canaã. Ele deitou-se com Hagar, e esta engravidou.*
> *Quando se viu grávida, começou a olhar com desprezo para a sua senhora. Então, Sarai disse a Abrão:*
> *— A culpa do meu sofrimento é sua. Coloquei a minha serva nos seus braços e agora, que se vê grávida, ela me olha com desprezo. Que o* SENHOR *julgue entre mim e você.*
> *Abrão respondeu a Sarai:*
> *— Veja, a sua serva está nas suas mãos. Faça com ela o que for bom aos seus olhos.*
> *Sarai oprimiu tanto Hagar que esta fugiu da sua senhora.*
> *(Gênesis 16:1-6)*

Abraão, o pai da fé, uma das figuras mais emblemáticas da Bíblia, teve a jornada marcada por uma fé imperfeita, diferente da ideia de fé totalmente inabalável que circula na atualidade. O episódio com Hagar revela que até os homens de grande fé podem vacilar, especialmente diante de circunstâncias desafiadoras e dos períodos de espera.

Deus havia prometido a Abraão uma descendência numerosa, mas a promessa parecia distante e improvável. Em vez de esperar pacientemente pelo cumprimento sobrenatural da promessa do Senhor, Abraão sucumbiu à pressão das circunstâncias, aceitou a sugestão de sua esposa e teve um filho com Hagar, a serva.

Esse acontecimento é um lembrete poderoso de que mesmo os mais fiéis podem enfrentar crises na caminhada de fé. Abraão, que tinha ouvido a voz de Deus e recebido promessas extraordinárias, em algum momento não conseguiu crer que o impossível poderia realmente acontecer. Ele recorreu a uma solução humana e natural, o que gerou consequências não apenas para ele, mas também para sua família e para as gerações futuras. Hagar, ao engravidar, passou a desprezar Sara, levando a conflitos familiares e mais sofrimento.

Com essa história, aprendemos que a jornada de fé não é linear. Abraão, como todos nós, teve momentos de dúvida e incerteza. Ele vacilou diante da espera prolongada e das dificuldades visíveis, o que o levou a tomar uma decisão precipitada, embora não o tenha afastado totalmente do plano de Deus. O Senhor, em sua graça e fidelidade, continuou a trabalhar na vida de Abraão e a moldar sua fé ao longo do tempo, pois ele não desiste de nós, independentemente de nossas dúvidas e decisões equivocadas.

Você já tomou decisões equivocadas ao longo da caminhada com Deus? Eu já, inúmeras.

O sofrimento é, muitas vezes, o pano de fundo dos momentos de crise. Quando o tempo passa e a promessa de Deus parece não se cumprir, somos tentados a deixar a fé de lado e a buscar soluções imediatas, como Abraão fez. O sofrimento rouba nossa força e abala nossa confiança no sobrenatural. Ele nos faz olhar para as circunstâncias, não para a promessa de Deus. Nesse cenário de fraqueza e dúvidas, Deus trabalha para tecer a verdadeira fé em nós, aquela que, em vez de forjada na ausência de lutas, amadurece com as crises e as decisões difíceis.

A história de Abraão também nos ensina que Deus não exige perfeição, mas perseverança, uma vez que nos chama a confiar nele quando nossas emoções e circunstâncias parecem conspirar contra isso. Ao falharmos, a graça divina nos sustenta, nos corrige e nos devolve ao caminho.

Assim como fez com Abraão, Deus pode forjar nossa fé aos poucos, permitir que enfrentemos a dúvida e até que tomemos decisões precipitadas, para que, no final, possamos enxergar a fidelidade e o cumprimento das promessas divinas. Mesmo quando vacilamos, o amor do Pai celeste permanece firme e nos guia de volta à sua vontade perfeita.

> *Então, um deles disse:*
> *— Voltarei a você dentro de um ano, e Sara, a sua mulher, terá um filho.*
> *Sara escutava à entrada da tenda, atrás dele.*
> *Abraão e Sara já eram velhos, de idade bem avançada, e Sara já tinha deixado de menstruar. Por isso, riu consigo mesma, ao pensar: "Depois de velha e enrugada, e o meu senhor já idoso, ainda terei esse prazer?"*
> *Então, o Senhor disse a Abraão:*
> *— Por que Sara riu e disse: "Poderei realmente dar à luz, agora que sou idosa?"*
> *(Gênesis 18:10-13)*

A história de Abraão também nos mostra como ele e Sara nem sempre conseguiram crer que Deus cumpriria a promessa. O sofrimento e o tempo podem desgastar a fé, até mesmo daqueles que amam a Deus e desejam sinceramente confiar nele, como aconteceu com Sara. Em Gênesis 18, quando Deus reafirma a promessa de que ela teria um filho, Sara ri não de alegria nem de incredulidade irreverente, mas do ceticismo que era reflexo de anos de espera, frustração e dor. Sara havia carregado o fardo da esterilidade em uma cultura que valorizava a maternidade como essencial à mulher. O peso do tempo que passava sem o cumprimento da promessa havia corroído sua esperança da mesma maneira que o sofrimento prolongado mina nossa fé.

O riso revela a luta interna de Sara. Ela provavelmente amava a Deus, conhecia suas promessas e caminhava ao lado de Abraão na jornada da fé, mas a dura realidade de sua condição — idade avançada, esterilidade persistente e esperanças repetidamente frustradas — havia colocado sua fé em xeque. A promessa divina parecia ser um sonho distante, quase uma ironia, algo que seu coração desejava, mas seu lado racional não conseguia mais aceitar como possível.

O sofrimento e a espera prolongada têm esse poder. Eles nos desgastam aos poucos, como uma pedra que sofre erosão pelas ondas do mar; além de sussurrarem mentiras ao nosso coração: "Isso nunca vai acontecer. Deus se esqueceu de você. Talvez você tenha entendido errado. Você não merece isso". Sara não era má ou irreverente por rir; era humana. O riso de Sara era um reflexo da luta que muitos de nós enfrentamos: acreditar nas promessas de Deus quando tudo ao nosso redor — circunstâncias, corpo, tempo — grita ser impossível.

Essa história nos ensina que o amor a Deus e a fé em suas promessas não nos tornam imunes às dúvidas. A realidade da vida, cheia de dificuldades e sofrimento, pode roubar nossa fé, nossa esperança e nosso senso de possibilidade. Mesmo quem caminha com Deus há anos pode questionar sua bondade e seu poder. O sofrimento pode tornar nossa fé refém da estatística, não das promessas de Deus. Cansados e frustrados, seremos sempre tentados a buscar algum atalho para nos livrar da dor. O que torna esse relato tão poderoso é a resposta de Deus. Ele não rejeita Sara por sua dúvida nem por seu riso, e tampouco a afasta por não ter uma fé perfeita. Em vez disso, ele reafirma sua promessa e mostra que a realização de seu plano não depende da nossa força ou capacidade de acreditar plenamente, mas da fidelidade e do poder do próprio Senhor. Deus transforma o riso de Sara, nascido da descrença, em um riso de alegria quando finalmente cumpre sua palavra.

Sara e Abraão nos fazem entender que, apesar da fragilidade gerada pelo sofrimento e pelo tempo prolongado de espera, Deus continua fiel. Ele não depende de uma fé perfeita para cumprir suas promessas; ao contrário, ele usa nossa dúvida para nos mostrar que a graça é suficiente. O riso de Sara é o riso de todos nós, que, ao olhar para as circunstâncias, consideramos difícil acreditar. Ainda assim, Deus permanece fiel, transforma o ceticismo em celebração e a dúvida em testemunho de sua bondade.

A despeito de nossas dúvidas, o Senhor realiza a promessa. Sofrer faz parte da jornada humana, ter dúvidas também, mas Deus é poderoso para nos ajudar a seguir em frente, inclusive quando a incredulidade surge. Tudo vem dele!

> O Senhor foi bondoso com Sara, como lhe dissera, e fez por ela o que prometera. Sara engravidou e deu um filho a Abraão na sua velhice, na época exata que Deus lhe prometera. Abraão deu o nome de Isaque ao filho que Sara lhe dera. Quando Isaque, o seu filho tinha oito dias de vida, Abraão o circuncidou, conforme Deus lhe havia ordenado. Abraão tinha cem anos de idade quando Isaque, o seu filho, nasceu.
> Sara disse:
> — Deus me encheu de riso, e todos os que souberem disso rirão comigo.
> (Gênesis 21:1-6)

Quando finalmente experimentou a realização da promessa de Deus, a alegria de Sara foi indescritível. O riso, antes de incredulidade e ceticismo, agora era de júbilo e gratidão. Deus, em sua infinita bondade, não levou em conta as dúvidas de Sara, nem os momentos em que ela fraquejou enquanto sofria, tampouco quando a fé foi ofuscada pela dor e pelo peso dos anos. Deus sempre permaneceu fiel à sua palavra.

Ele não rejeitou o casal que foi incrédulo, mas cumpriu a promessa e mostrou que seu amor e fidelidade não dependem da perfeição humana. Ao segurar Isaque em seus braços, Sara compreendeu a dimensão da graça divina:

Deus que, apesar de nossas fraquezas e dúvidas, realiza o impossível para nos abençoar. A alegria daquela mulher não estava restrita à maternidade, mas ganhava amplitude no reconhecimento da bondade do Senhor. "Deus me encheu de riso", disse ela, e esse riso ecoa até hoje como um testemunho da transformação do sofrimento em celebração e do amor na fragilidade.

Devemos olhar nossa vida em retrospectiva e entender que nossas dúvidas não podem impedir o agir de Deus em nossa vida.

Ainda existia um capítulo final na construção da fé de Abraão e Sara. Foi uma exigência paradoxal por parte de Deus: o sacrifício de Isaque, o filho do casal.

> *Passado algum tempo, Deus pôs Abraão à prova, dizendo-lhe:*
> *—Abraão!*
> *Ele respondeu:*
> *—Sim, aqui estou.*
> *Então, Deus disse:*
> *— Tome o seu filho, o seu único filho, Isaque, a quem você ama, e vá para a região de Moriá. Sacrifique-o ali como holocausto, num dos montes que eu lhe indicarei.*
> *Então, Abraão se levantou cedo pela manhã e preparou o seu jumento. Tomou consigo dois de seus servos e Isaque, o seu filho. Depois de cortar lenha para o holocausto, partiu em direção ao lugar que Deus lhe havia indicado. No terceiro dia, Abraão ergueu os olhos e viu o lugar ao longe. Disse aos seus servos:*
> *— Fiquem aqui com o jumento enquanto eu e o rapaz vamos até lá. Depois de adorar, voltaremos.*
> *Abraão pegou a lenha para o holocausto e a colocou sobre Isaque, o seu filho, enquanto ele mesmo carregou a brasa e a faca com as próprias mãos. Caminhavam os dois juntos, quando Isaque disse a Abraão, o seu pai:*
> *—Meu pai!*
> *—Sim, meu filho, aqui estou— Abraão respondeu.*
> *Isaque perguntou:*
> *—A brasa e a lenha estão aqui, mas onde está o cordeiro para o holocausto?*
> *Abraão respondeu:*
> *— Deus mesmo há de prover o cordeiro para o holocausto, meu filho. Os dois continuaram a caminhar juntos.*
> *Quando chegaram ao lugar que Deus lhe havia indicado, Abraão construiu um altar e sobre ele arrumou a lenha. Amarrou Isaque, o seu filho, e o colocou sobre o altar, em cima da lenha. Então, Abraão estendeu a mão e pegou a faca para sacrificar o filho. O anjo do Senhor, porém, o chamou do céu:*

—Abraão! Abraão!

—Sim, aqui estou—ele respondeu.

— Não estenda a sua mão contra o rapaz — disse o anjo. — Não lhe faça nada. Agora sei que você teme a Deus, porque não negou dar a mim o seu filho, seu único filho.

(Gênesis 22:1-12)

Para compreendermos esse texto, vou basear o estudo no conhecimento do cristão renomado Søren Kierkegaard. Filósofo, teólogo e escritor dinamarquês do século 19, frequentemente é considerado o pai da psicologia existencialista. Seus pensamentos são marcados por reflexões profundas sobre a fé, a existência humana e o relacionamento humano com Deus. Em seu livro *Temor e tremor*[1], Kierkegaard explora a história de Abraão como um paradigma da fé autêntica.

O autor apresenta Abraão não como um herói comum, mas como o "cavaleiro da fé", alguém que ultrapassa a ética e a razão ao obedecer a Deus, confiar no impossível e no incompreensível. Para Kierkegaard, Abraão é o maior testemunho de fé, pois, além de crer na promessa divina, está disposto a renunciar ao que lhe é mais precioso — seu filho Isaque — por obediência absoluta a Deus. Kierkegaard, porém, não nos ensina que a fé de Abraão nasceu completa.

Fé, para Kierkegaard, não é um ato racional tampouco baseado em garantias humanas, mas um salto no "absurdo". Ele escreve: "A fé começa precisamente onde a razão termina". Abraão sabia que Deus havia lhe prometido que, por meio de Isaque, ele teria uma descendência numerosa, mas Deus também havia pedido que ele sacrificasse o próprio filho. Este é o paradoxo da fé: confiar em Deus mesmo quando tudo parece contradizer as promessas, com uma confiança radical que Kierkegaard enxerga como o ápice da fé, que só pode ser alcançado por meio de uma relação pessoal e direta com Deus.

O pedido inusitado de Deus e a resposta pronta de Abraão nos ensinam que a fé é construída progressivamente, muitas vezes no meio de incertezas, dúvidas e sofrimentos. Kierkegaard observa que Abraão "não chorou, não implorou, mas creu", o que não significa que o patriarca não tenha sofrido nem tido medo. Na verdade, Abraão foi profundamente humano em sua dor, mas manteve ativa sua fé ao escolher confiar em Deus a despeito do sofrimento. Para Kierkegaard, essa é a essência da fé: confiar no invisível, mesmo quando tudo o que é visível parece desmoronar.

---

[1]   3 ed. Curitiba: Hemus, 2001.

Assim como Abraão, somos frequentemente confrontados com situações que testam nossa fé. Talvez Deus nos peça para sacrificar algo precioso — um sonho, uma relação, um conforto. A jornada de fé não é isenta de angústia; na verdade, Kierkegaard argumenta que a fé verdadeira só pode existir na tensão: "A fé é a maior paixão de um ser humano. Pode haver muitas coisas grandes na vida de uma pessoa, mas a fé é o ápice". Ah, se soubéssemos toda a história que Deus está construindo por intermédio de nós! A perspectiva proposta pelo filósofo nos desafia a ver a fé como um processo, não como algo que alcançamos de uma vez por todas. Abraão precisou passar por muitos altos e baixos na caminhada com Deus e nós também enfrentaremos as dúvidas e crises. O sofrimento pode, às vezes, nos fazer vacilar, mas é o solo no qual a fé é cultivada.

Kierkegaard nos lembra que Deus não exige perfeição, mas entrega sincera e coração disposto a confiar mesmo sem entender.

PRÁTICA 1
RESPONDA COM SINCERIDADE

Quais são os Isaques da sua vida — aquilo que você ama profundamente e tem medo de perder?

_____

_____

_____

O que você faria se Deus lhe pedisse para sacrificar o objeto de seu amor?

_____

_____

_____

_____

Deus talvez não lhe peça para sacrificar literalmente o objeto de seu amor, mas entregá-lo a ele, confiando que os planos divinos são melhores. Kierkegaard diria que esse ato de entrega é o salto da fé, no qual aprendemos a depender totalmente do Senhor. Assim como Abraão, você pode não compreender o que Deus está fazendo no momento, mas, ao confiar nele, o verá transformar seus momentos mais difíceis em testemunhos de sua fidelidade.

No final, o exemplo de Abraão nos ensina que a fé não está relacionada a ter todas as respostas, mas a confiar em quem as tem. Kierkegaard escreve: "Aquele que creu, espera o impossível. E aquele que espera o impossível, recebe o eterno". Deus nos convida a uma jornada de fé na qual cada passo, mesmo os dados com sofrimento e dúvida, nos leva a conhecer mais profundamente a bondade e fidelidade divinas. A história de Abraão e as reflexões de Kierkegaard nos lembram que a fé não é fácil, mas é o caminho para experimentarmos o sobrenatural em nossa vida.

Ter fé verdadeira não é um roteiro sem turbulências, mas um chamado a confiar em Deus em meio à dor, à dúvida e à incerteza.

PRÁTICA 2
RESPONDA COM SINCERIDADE

Como Deus está usando meu sofrimento para moldar minha fé?

_____

_____

_____

_____

Como posso confiar em Deus sem entender o que ele está fazendo?

_____

_____

_____

_____

_____

Assim como Abraão, somos chamados a caminhar na tensão do paradoxo, sabendo que Deus cumpre o que promete — não por nossa força, mas por sua fidelidade.

PRÁTICA 3
APRENDENDO CONCEITOS DE FÉ
COM SØREN KIERKEGAARD

1. A fé como o salto no absurdo

A fé é precisamente o paradoxo de que o indivíduo, como indivíduo, está acima do universal, mas submisso a Deus, confiando nele contra toda a razão. (*Temor e tremor*)

Para refletir: Às vezes, somos chamados a confiar em Deus quando nada parece fazer sentido. No sofrimento ou na dúvida, devemos constantemente nos lembrar de que a fé não é sobre lógica, mas sobre entrega total. Confie em Deus, mesmo quando as promessas parecerem impossíveis ou os caminhos parecerem absurdos.

2. O sofrimento como escola da fé

O sofrimento é o meio pelo qual Deus nos forma, transformando-nos naquilo que ele deseja que sejamos. (*As obras do amor*)

Para refletir: Em vez de ver o sofrimento como punição ou abandono, encare-o como parte do processo de Deus para moldar sua fé. Pergunte a si mesmo: "Como Deus está usando este momento para me transformar?". Permita que a dor o leve a depender mais do Senhor.

3. A angústia como porta para a liberdade

A angústia é a vertigem da liberdade. Quem quer aprender a não ter medo também deve aprender a se apegar a Deus. (*O conceito de angústia*)

Para refletir: Quando o sofrimento gera angústia, há uma oportunidade para escolher entre sucumbir ao desespero ou se voltar a Deus. Use a angústia como lembrete de que você não está sozinho e que Deus está presente, mesmo nas incertezas. Tenha em mente que você não é um robô e possivelmente ficará angustiado no sofrimento.

4. O paradoxo do sofrimento e da fé

A verdadeira fé nasce no momento em que o sofrimento é maior e a razão não encontra resposta. (*Temor e tremor*)

Para refletir: Nos momentos de escuridão, quando você não consegue enxergar saída, lembre-se de que é aí que a fé se fortalece. Em vez de fugir ou se desesperar, entregue suas preocupações a Deus e permita que ele seja sua fonte de força. Assim como Abraão, você não está vendo o filme total de sua vida.

5. A esperança no impossível

Aquele que crê, espera o impossível. E aquele que espera o impossível recebe o eterno. (*As migalhas filosóficas*)

Para refletir: Quando suas circunstâncias parecerem impossíveis, lembre-se de que a fé em Deus nos chama a esperar no Senhor. Confie que ele pode fazer infinitamente mais do que pedimos ou imaginamos. Definitivamente, Deus não precisa de estatísticas para fazer algo.

6. Deus não rejeita nossas dúvidas

Deus não exige uma fé perfeita, mas uma entrega verdadeira, mesmo quando acompanhada por dúvidas. (*Temor e tremor*)

Para refletir: Em momentos de dúvida, lembre-se de que Deus não espera uma fé impecável de você. Ele caminha com você, mesmo na sua fraqueza. Traga suas dúvidas para ele e permita que ele as transforme em confiança. Seja paciente com você mesmo.

7. A paciência na espera

A paciência em esperar pela promessa é o maior testemunho da fé de um homem. (*Temor e tremor*)

Para refletir: Se você espera por algo há muito tempo, como Sara e Abraão esperaram, lembre-se de que Deus cumpre suas promessas no tempo certo. Não perca a esperança, pois ele é fiel.

PRÁTICA 4
ORAÇÃO

Senhor Deus,

Eu me coloco diante de ti, assim como Abraão se colocou, com o coração cheio de incertezas, mas desejoso de confiar. Reconheço que, como Abraão e Sara, muitas vezes, eu vacilo na fé. O sofrimento, a espera prolongada e as circunstâncias difíceis me fazem duvidar das tuas promessas. Hoje, porém, eu entendo que a fé não é construída na ausência de dificuldades, mas no meio delas.

Ensina-me, Senhor, a confiar em ti quando o caminho parecer impossível. Ajuda-me a dar um salto de fé, mesmo quando minha razão não compreender e meu coração estiver aflito. Dá-me coragem para entregar a ti o que mais amo e tenho medo de perder, pois tu és um Deus fiel e teus planos são maiores que os meus.

Obrigado por não me rejeitar nas minhas fraquezas e dúvidas. Obrigado porque, mesmo quando minha fé vacila, tu permaneces firme e cumpres tuas promessas. Que o meu sofrimento não me afaste, mas me aproxime ainda mais, molde o meu coração e fortaleça minha confiança em teu amor e fidelidade.

Senhor, assim como Abraão te ouviu e confiou, ajuda-me a te ouvir e a te seguir, ainda que eu não entenda tudo. Ensina-me a esperar com paciência e a lembrar que tu és o Deus que provê, que transforma risos de incredulidade em risos de alegria.

Entrego a ti minhas dúvidas, meus medos e meus sofrimentos. Guia-me na jornada da fé, para que minha vida seja um testemunho da tua bondade e da tua graça.

Eu oro em nome de Jesus, aquele que é o cumprimento de todas as promessas, amém.

PRÁTICA 5
VERSÍCULO PARA MEDITAÇÃO

se somos infiéis,
ele permanece fiel,
pois não pode negar a si mesmo.
(2Timóteo 2:13)

7

Causas do sofrimento

O sofrimento foi bom para mim,
pois me ensinou a dar atenção a teus decretos.
(Salmos 119:71, NVT)

Enquanto isso, onde está Deus? Este é um dos sintomas mais inquietantes. Quando estás feliz, tão feliz que não sentes a necessidade dEle, tão feliz que está tentado a ver Seus direitos sobre ti como uma interrupção; se lembras de ti e O vês com gratidão e louvor, serás — ou assim parece — recebido de braços abertos. Mas vá a Ele quando sua necessidade é desesperada, quando qualquer outra ajuda é vã, e que encontras? Uma porta batida na tua cara e muitos ruídos de trancas no lado de dentro. Depois, o silêncio. Podes ir-te embora. Quanto mais te demorares, mais enfático o silêncio te tornará. Não há luzes na janela. Talvez seja uma casa vazia. Alguém já morou ali? Já te pareceu que sim. E esta impressão foi muito forte. O que isso pode significar? Por que ele é um chefe tão presente em nosso tempo de prosperidade e uma ajuda tão ausente em tempos de dificuldade?
— C. S. Lewis (*A anatomia de um luto*)

O sofrimento é uma das questões mais profundas e perturbadoras que a humanidade enfrenta. Ele levanta perguntas sobre a bondade e a soberania de Deus: Como um Deus perfeitamente bom pode permitir o mal e o sofrimento? Esse dilema somente tem alívio quando temos convicção muito clara e confiante de que Deus governa todas as coisas e que sua providência não falha.

Sendo assim, o mal não é um acidente fora do controle de Deus, mas algo que, embora misterioso, está subordinado a seus propósitos eternos.

Como C.S. Lewis escreveu: "Deus sussurra em nossos prazeres, fala em nossa consciência, mas grita em nossas dores; é seu megafone para despertar um mundo surdo" (*O problema do sofrimento*).[1] Essa visão não minimiza a realidade do sofrimento nem do mal como algo duro de ser vivido. Pelo contrário, reconhece que Deus usa o sofrimento para colocar em prática seus desígnios mais elevados, inclusive o bem de seu povo e a revelação de sua glória. Como Romanos 8:28 afirma: "Sabemos que Deus age em todas as coisas para o bem daqueles que o amam, dos que foram chamados de acordo com o seu propósito". Timothy Keller complementa essa ideia dizendo: "Deus muitas vezes nos salva através do sofrimento e não apesar dele" (*Caminhando com Deus em meio à dor e ao sofrimento*).[2] Pode parecer estranho, pesado ou até mesmo incoerente para quem sofre, porém, é o caminho que a Escritura nos apresenta: nosso Eterno Deus governa todas as coisas por sua sabedoria infinita.

Deus não é um espectador passivo diante do sofrimento humano. Ele é o Criador soberano que orquestra todas as coisas para sua glória e para o bem do seu povo. Essa soberania inclui o mal e o sofrimento que entraram no mundo com o pecado do primeiro casal no Éden e que são permitidos pelo Senhor por motivos que, em muitas ocasiões, estão além da compreensão humana. Como Charles Spurgeon afirmou: "Deus é muito bom para ser cruel e muito sábio para cometer erros. Quando você não puder rastrear sua mão, confie em seu coração". Essa reflexão demonstra a confiança de que, apesar do tamanho das nossas dores, o sofrimento é parte de um plano maior que aponta para a redenção final.

John Piper, em seu livro *Providência*,[3] destaca que o sofrimento não escapa ao controle de Deus, mas está inserido nos propósitos eternos: "Nada acontece sem que Deus permita ou planeje com um propósito final para sua glória e para o bem daqueles que confiam nele". Essa perspectiva nos conforta ao lembrar que Deus governa todas as coisas, inclusive as situações mais dolorosas, para realizar seus desígnios de redenção e santificação.

Piper aponta para a cruz como o maior exemplo de sofrimento com propósito: "Deus planejou o sofrimento de seu Filho para que, por meio dele, pudéssemos ser salvos. Não há sofrimento humano maior do que o de Cristo, e isso nos dá esperança de que nosso sofrimento não é em vão". Assim, cada dor que enfrentamos é um lembrete de que Deus pode transformar sofrimento em algo redentor.

---

[1]   São Paulo: Editora Vida, 2006.
[2]   1 ed. São Paulo: Vida Nova, 2016.
[3]   São José dos Campos: Fiel Editora, 2022.

O sofrimento também é um chamado à fé. Piper escreve: "O sofrimento nos força a nos afastar de todas as esperanças terrenas e a colocar nossa esperança em Deus". O autor cita 2Coríntios 4:17 para demonstrar que as tribulações momentâneas produzem um peso eterno de glória. Essa ideia reforça que o sofrimento, além de algo a ser suportado, é uma ferramenta do Senhor para moldar nosso caráter e aprofundar nossa comunhão com Deus.

Sei que muitos leem este livro enquanto enfrentam dores terríveis ou traumas, abusos ou negligências que fogem à razão humana. Não tenho a pretensão de apresentar respostas para essas condições. Apesar disso, não posso seguir adiante sem mostrar trechos bíblicos que comprovam que realmente nada escapa ao controle de Deus. Para muitos, essa verdade é reconfortante. Para outros, uma afronta. Há aqueles também que, por sua vez, acham que Deus não interfere mais na ordem de todas as coisas. O sofrimento pode ter feito muitos questionarem esse tipo de conteúdo das Escrituras, mas, para alguns leitores, essa reflexão pode acrescentar uma percepção diferente sobre o momento que estão vivendo e trazer esperança para os dias escuros e para a dor.

A providência de Deus nos oferece conforto mesmo quando estamos em dor. Piper reflete: "Saber que Deus está no controle, mesmo em meio ao caos, nos dá uma paz que ultrapassa o entendimento. Não somos vítimas do acaso, mas filhos de um Pai amoroso que trabalha todas as coisas para o nosso bem". Como Paulo escreveu em 2Coríntios 1:3-4, Deus é o Pai das misericórdias e Deus de toda consolação.

Piper também destaca que o sofrimento aponta para uma esperança eterna: "Nosso sofrimento atual não pode ser comparado com a glória que será revelada em nós" (Romanos 8:18). Essa esperança nos lembra que Deus não apenas permite o sofrimento, mas o usa para nos preparar para uma eternidade de alegria infinita, o que gera em nós uma perspectiva eterna que transforma o modo como enfrentamos o sofrimento, de tal maneira a conseguirmos perseverar com confiança e esperança.

Vamos nos aprofundar melhor em alguns pontos importantes sobre o sofrimento.

A queda e a corrupção do mundo

O sofrimento teve origem na Queda, quando Adão e Eva desobedeceram a Deus no Éden e corromperam a criação, o que resultou em morte, dor, desastres naturais e doenças. Essas enfermidades muitas vezes têm causas genéticas, além de fatores ambientais, e mostram como o sofrimento pode surgir sem qualquer culpa direta de alguém, de maneira específica. Apesar disso, a soberania de Deus permanece. Ele governa sobre essas situações e as usa para seus propósitos. Timothy Keller observa: "A criação é boa, mas está quebrada, aguardando a redenção" (*Caminhando com Deus em meio à dor e ao sofrimento*).[4] Só nos veremos livres de todo o caos e de todas as doenças e sofrimentos que o mundo nos apresenta quando vivermos a eternidade com Cristo, pois ali ele reconstruirá todas as coisas.

Consequências do pecado pessoal

Embora o perdão seja garantido em Cristo, o pecado pessoal ainda traz consequências temporais: nossos pecados sempre são perdoados por Cristo, mas podemos sofrer danos secundários relacionados à quebra das leis de Deus. Essas consequências não são punitivas, mas instrutivas. Paulo afirma: "Não se deixem enganar: de Deus não se zomba. Pois o que o homem semear, isso também colherá" (Gálatas 6:7).

Temos livre-arbítrio, ou seja, somos responsáveis por nossas escolhas, mesmo que elas estejam sob a soberania de Deus. O sofrimento decorrente de nossas ações é uma forma de aprendermos acerca das consequências do pecado e de crescermos em sabedoria. Spurgeon reflete: "Deus nos castiga por nossos pecados, não como um juiz que pune um criminoso, mas como um pai que disciplina seus filhos". Dessa forma, alguns sofrimentos não nascem de ações diretas de Satanás ou de outras pessoas, mas são fruto de nossas escolhas.

Disciplina de Deus

Deus permite o sofrimento como uma forma de disciplina amorosa para santificar os cristãos. Hebreus 12 diz: "pois o Senhor disciplina a quem ama" (v. 6) e que essa disciplina "produz fruto de justiça e paz" (v. 11). A dor que a disciplina pode trazer é sempre proporcional e vem acompanhada do consolo do Senhor. Como Paulo escreve: "Bendito seja o Deus e Pai do nosso Senhor Jesus Cristo, Pai das misericórdias e Deus de toda a consolação" (2Coríntios 1:3).

---

[4] 1 ed. São Paulo: Vida Nova, 2016.

Keller escreve: "O sofrimento é o fogo que Deus usa para nos purificar e moldar. Ele não está nos destruindo, mas nos refinando", então, podemos confiar que, no processo de disciplina, Deus está agindo com amor. Por mais sofrido que seja o processo, o objetivo de Deus é nos santificar para a Eternidade e muitas vezes, apesar de não percebermos, estamos amadurecendo no conhecimento de Deus.

Testemunho e perseguição

O sofrimento muitas vezes resulta do testemunho fiel em um mundo hostil, como Jesus advertiu: "Se me perseguiram, também perseguirão vocês" (cf. João 15:20). No entanto, essa perseguição deve ser o resultado de nosso amor por Deus e por uma vida que reflete sua verdade, não do comportamento insensato ou da falta de sabedoria ao interagir com o mundo.

Spurgeon nos encoraja: "As chamas da perseguição não destroem os santos; elas refinam seu caráter". Assim, o sofrimento identifica o cristão com os sofrimentos de Cristo e é uma forma de glorificar a Deus. Por mais que o discurso disseminado hoje seja de vitória, plenitude e empoderamento humano, a Palavra de Deus nos mostra que podemos ser perseguidos ou incompreendidos por revelarmos nossa fé.

Crescimento da fé

A fé do cristão é frequentemente manifestada por intermédio do sofrimento, como Pedro escreve: "Assim acontece para que a fé de vocês, muito mais valiosa do que o ouro que perece ao ser provado pelo fogo, seja provada [...]" (1Pedro 1:7). Essas provas revelam a fé verdadeira e ampliam a força espiritual e a perseverança do cristão. Keller observa: "Deus usa o sofrimento para fortalecer nossa dependência e confiança nele". É no fogo das provações que somos moldados para refletir a imagem de Cristo.

Oposição satânica

Satanás pode causar sofrimento, como visto na história de Jó, mas sempre sob a permissão soberana de Deus. A atuação do Diabo sempre está limitada pelo poder do Senhor, o que garante que as investidas malignas contribuam para os propósitos de Deus: "Resistam ao Diabo, e ele fugirá de vocês" (Tiago 4:7). Lewis reflete: "O Diabo pode rugir, mas Deus sempre coloca um freio nele". Essa limitação conforta os cristãos e mostra que Deus continua no controle absoluto. Devemos orar contra os dardos inflamados do maligno, mas não devemos ter medo da "batalha espiritual diária" porque Cristo já venceu e segue soberano.

Participação nos sofrimentos de Cristo

Os cristãos são chamados a participar nos sofrimentos de Cristo, como Paulo afirma: "Quero conhecer a Cristo, o poder da sua ressurreição e a participação nos seus sofrimentos" (Filipenses 3:10). Em contraste com o evangelho da prosperidade ou da autoajuda, que frequentemente nega a validade do sofrimento, a Bíblia nos ensina que sofrer por Cristo é uma honra e uma forma de sermos conformados à imagem dele. Keller acrescenta: "Ao sofrer com Cristo, somos transformados à sua imagem".

Crescimento espiritual e dependência de Deus

Ao longo da vida, todos podemos ter "espinhos na carne", que é um sofrimento permitido por Deus para nos lembrar que dependemos dele. Paulo testifica sobre seu "espinho na carne", a respeito do qual o Senhor lhe disse: "A minha graça é suficiente para você, pois o meu poder se aperfeiçoa na fraqueza" (2Coríntios 12:9).

Muitos sofrimentos sem resposta são uma maneira de Deus nos ensinar a confiar plenamente nele e a reconhecer que sua graça é suficiente quando enfrentamos fraquezas. Spurgeon conclui: "Nunca conheci um homem que cresceu espiritualmente em tempos de conforto".

Propósitos incompreensíveis de Deus

Por fim, nem todo sofrimento é compreensível para nós, mas sabemos que Deus é soberano e bom. Deuteronômio 29:29 afirma: "As coisas encobertas pertencem ao Senhor, o nosso Deus [...]". Muitas vezes, Deus não nos dá respostas claras sobre a razão de determinados sofrimentos, mas nos chama a confiar nele. Lewis escreveu: "Deus nunca desperdiça uma dor, mesmo que não possamos ver seu propósito". Essa confiança nos permite descansar, cientes de que Deus está trabalhando em todas as coisas para sua glória.

Tive vários casos de pacientes cujo sofrimento somente teve respostas no longo prazo.

Joaquim enfrentou uma falência financeira devastadora. Tudo o que havia construído ao longo da vida foi perdido em uma sucessão de eventos inesperados. Por sentir-se sem saída, decidiu recomeçar em outra cidade, onde buscou ajuda em uma igreja local.

Com o tempo, encontrou um novo emprego, fez amizades e se tornou mentor de jovens com dificuldades similares. Hoje, Joaquim reconhece que, sem aquela perda financeira, jamais teria mudado de cidade e experimentado as bênçãos que agora desfruta na nova localidade: "Na época, parecia o fim; hoje vejo que era o início dos planos de Deus para mim". A história de Joaquim é um testemunho vivo de Romanos 8:28: todas as coisas cooperaram para o bem daquele que ama a Deus.

Flávia enfrentou uma batalha feroz contra o câncer de mama. Durante o tratamento, que incluiu cirurgias e quimioterapia, passou por momentos de dor intensa e incerteza. Após anos de luta, foi declarada curada. Esse sofrimento a levou a criar um projeto para apoiar mulheres que enfrentam o mesmo diagnóstico com acolhimento emocional e prático. Hoje, Flávia diz que jamais teria iniciado esse ministério se não tivesse passado pela experiência do câncer: "Foi no deserto mais sombrio da minha vida que Deus plantou as sementes desse projeto. Agora vejo o fruto, e ele glorifica o nome dele". A história de Flávia é uma prova viva de que o sofrimento pode ser transformado em algo que transforma a vida de outras pessoas.

PRÁTICA 1

APRENDA COM QUEM SOFREU. LEIA E MEDITE NO TESTEMUNHO DE UMA AMIGA QUE PERDEU SUA IRMÃ EM UMA TRAGÉDIA AMBIENTAL NA CIDADE DE BRUMADINHO (MG):

Naquele momento, olhei pela janela e senti um vento suave. Percebi que era o Espírito Santo me consolando. Eu estava no IML (Instituto Médico Legal), em Belo Horizonte, onde forneci material genético para ajudar na identificação do corpo da minha irmã mais velha, Natalia Fernanda.

Cinco dias antes, ela saiu para trabalhar na Vale, na mina Córrego do Feijão, em Brumadinho, e nunca mais voltou. Àquela altura, não havia mais notícias de nenhum sobrevivente. Então, restava somente a esperança de encontrar o corpo.

No caminho para o IML, eu não conseguia acreditar que aquilo realmente estava acontecendo com a minha família; parecia um grande pesadelo. Eu estava anestesiada.

Minha irmã, que esteve comigo desde o meu primeiro dia de vida, era minha parceira de ministério, viagens e vida, realmente morreu de modo brutal, cruel e desumano. "Ela foi enterrada viva?", eu questionava.

Jesus foi junto nessa jornada. Nos convertemos juntas, fomos batizadas com o Espírito Santo juntas, descemos às águas do batismo juntas. O corpo dela podia estar perdido em um mar de lama tóxica, ou em um caminhão frigorífico, à espera de identificação. Não me parecia justo.

Durante sete dias, aguardamos por notícias. Nesse tempo, não soltei o celular por nem um minuto sequer. Quando dormia, acordava com o coração acelerado para olhar o celular e ver se havia chegado alguma notícia. No sétimo dia, a notícia chegou: "O corpo da sua irmã foi encontrado e identificado. Mas ela está muito machucada e desfigurada, não aconselhamos que vocês a vejam". Fomos até o local e nos entregaram a aliança de casamento dela, com o nome do meu cunhado e a data do casamento; havia também um brinco que ela usava quando faleceu. E foi assim que soubemos que era realmente ela.

Em Brumadinho vivenciamos dias de horror, o cenário era de guerra. Um velório atrás do outro; a maioria deles de pessoas que eu conhecia.

O velório da Natalia durou 20 minutos, porque haviam muitos outros velórios aguardando e não podíamos demorar. O caixão estava fechado. Ela saiu para trabalhar perfeita, linda, no auge dos seus 32 anos, com saúde. E foi devolvida em um saco preto, sem condições de receber um velório digno.

Senti muita raiva das pessoas que permitiram que a barragem rompesse sem agir em nada para impedir. Senti raiva porque minha irmã não teve nenhuma chance de sobreviver, porque nem mesmo o plano de salvamento funcionou como deveria. Senti raiva por toda dor e devastação que estávamos passando.

Eu tive que fazer uma escolha: viver a vida toda com esse ódio no coração ou perdoar como Jesus ensinou. A Palavra fala que podemos optar entre a morte e a vida. Esses caminhos nos são propostos diariamente e temos liberdade para escolher. Com muita dor, escolhi perdoar e escolho todos os dias continuar perdoando, porque essa é a opção certa. Não porque eles mereçam, mas porque a graça é um favor imerecido. Eu perdoo porque eu decidi escolher a vida, e a falta de perdão é o caminho da morte.

Nós somos perdoados por Deus todos os dias pelas nossas inúmeras falhas. Então, como não liberar o perdão que eu mesma recebi? Seria muito incoerente se eu optasse pelo caminho da vingança e do ódio porque, quando eu erro, não é o que quero receber.

Desde 25/01/2019, quando tudo aconteceu, vivo para me reerguer desse golpe tão duro. O sofrimento não foi só meu, mas de toda a minha família e conterrâneos de Brumadinho. O estresse pós-traumático, a ansiedade e a depressão lutaram contra mim por todo esse tempo. Precisei de muita fé e muitos cuidados com minha saúde para seguir a vida depois de tudo que vivi.

Passamos por situações e muitas vezes nos perguntamos por que Deus permite que passemos por elas. Um dia, olhei para os lados e pensei: pessoas que passaram a vida toda sem ter passado por grandes tragédias têm muita sorte! Ao contrário do que muitos dizem, acredito que a tragédia não nos deixa mais fortes, mas que estressa profundamente nossas emoções e causa consequências inimagináveis. Não há reparação suficiente para esse estrago.

Sobre o sofrimento, entendi que não somos maiores que Deus e não sabemos de nada. Os planos do Senhor prevalecem sobre os nossos. Ainda que doa muito em nós, precisamos entender que ele é soberano e que não temos poder nem mesmo sobre a própria vida. Somos como nuvem! Cabe a nós aprender a confiar, mesmo que a duras penas e sem compreender. Não nos cabe dizer o que é justo ou não, pois nosso julgamento é falho; a justiça própria é como trapos de imundícia.

Depois de passar por um longo processo de cura (e ainda estou nele e creio que estarei até o fim da minha jornada terrena), escolhi o que chamo de "perdoar" Deus por ter permitido isso acontecer com minha família. Minha dor quebrou minha religiosidade. Como cristã, eu sofro, choro, e não sou feliz todo dia. Mesmo assim, escolhi seguir Jesus!

Aprendi que não preciso mostrar para as pessoas uma vida perfeita, mas uma vida comum, com dores e marcas, porque quem escreve a minha história não sou eu, mas Deus. Se as dores e marcas fazem parte da minha história, elas precisam ser testemunhadas, porque eu sou uma testemunha de Cristo.

Se Jesus, que é Deus, veio ao mundo e enfrentou tanto sofrimento, por que pensamos que passaremos pela vida sem sofrer? É arrogância de nossa parte pensar que estamos ilesos de transitar pelos vales e dores mais profundos.

Com tudo o que me aconteceu, descobri que tenho sentimentos que eu nem sabia que existiam. A Bíblia fala sobre angústia e alma abatida; descobri e senti essas emoções profundamente.

Também posso dizer que, até hoje, o próprio Deus me livrou dos piores vales da minha alma na falta de esperança. Nunca deixarei de honrar o nome daquele que me amou, me colocou no colo e está sarando as minhas feridas. Até nos piores dias da minha vida, ele nunca me deixou.

Agradeço a Deus, não por ter passado por tamanho sofrimento, mas pelo tempo que ele me permitiu viver com minha irmã Natalia, por cada momento feliz que passamos juntas. Agradeço porque, por causa de Jesus, hoje sei onde ela está; sei também que em breve nos veremos novamente e será para sempre! Agradeço porque, não importa o tamanho do sofrimento que eu viva, ele sempre vai cuidar de mim, e isso me basta!

Karine Naiara Silva Carneiro Andrade

PRÁTICA 2
RESPONDA SOBRE SUAS EXPERIÊNCIAS DURANTE O SOFRIMENTO

Reserve um momento tranquilo, ore antes de começar e responda com honestidade e profundidade:

Qual foi o momento mais desafiador de sofrimento que você já enfrentou? Escreva como você se sentiu na época e o que mudou desde então.

_____

_____

_____

_____

_____

_____

Há algo que você aprendeu sobre si mesmo ou sobre Deus por meio desse sofrimento?

_____

_____

_____

_____

_____

_____

Como você reage ao pensar que Deus pode ter um propósito em seu sofrimento? Escreva sobre seus sentimentos em relação a essa ideia.

_____

_____

_____

Lembre-se de uma ocasião em que algo que parecia ruim acabou trazendo um resultado positivo. Como você percebe a mão de Deus nessa situação?

_____

_____

_____

Escreva sobre uma escolha que você fez no passado e as consequências que vieram dela. Como você entende a relação entre sua responsabilidade e a soberania de Deus?

_____

_____

_____

_____

Pense em um momento em que você se sentiu disciplinado por Deus. Como essa experiência impactou sua vida espiritual?

_____

_____

_____

Existe algum "espinho na carne" em sua vida que você não entende? Escreva sobre como você pode depender da graça de Deus em meio a isso.

_____

_____

_____

_____

Reflita sobre as áreas de sua vida em que você ainda não consegue ver os propósitos de Deus. Como você pode confiar nele enquanto espera?

_____

_____

_____

Escreva uma oração de gratidão por um sofrimento passado que hoje você entende como parte do plano de Deus para sua vida.

Que passos você pode tomar para usar suas experiências de sofrimento para ajudar outras pessoas? Descreva como Deus pode usar sua história para abençoar outros.

8

A dor de Cristo: um modelo de fé e emoções intensas no sofrimento

> Então, Jesus foi com os seus discípulos a um lugar chamado Getsêmani e lhes disse:
> — Sentem-se aqui enquanto vou ali orar.
> Levando consigo Pedro e os dois filhos de Zebedeu, começou a ficar triste e angustiado.
> Então, lhes disse:
> — A minha alma está profundamente triste, em uma tristeza mortal. Fiquem aqui e vigiem comigo.
> Indo um pouco mais adiante, prostrou-se com o rosto em terra e orou:
> — Meu Pai, se for possível, afasta de mim este cálice; contudo, não seja como eu quero, mas sim como tu queres.
> (Mateus 26:36-39)

Não há como falar do sofrimento sem falar de Cristo. Como ele mesmo nos disse, "as palavras que eu disse são espírito e são vida" (João 6:63b). Jesus é o modelo para a redenção de todo nosso estilo de vida: atitudes, propósitos, sentimentos e a maneira como devemos passar pelo sofrimento.

Obviamente, muitos podem ter chegado a este ponto do livro e terem a sensação de que a vida dos homens de Deus nas Escrituras foi repleta de sofrimentos maiores do que poderíamos suportar. Outros tantos podem, inclusive, questionar honestamente a dose elevada de mal no mundo, uma vez que Deus é bom. Novamente, repito: se o mal existente no mundo o incomoda, você está mais perto de Deus do que quem vive anestesiado pelo evangelho que busca a felicidade como único objetivo de vida. A angústia pode significar que sua espiritualidade está viva.

A DOR DE CRISTO: UM MODELO DE FÉ E EMOÇÕES INTENSAS NO SOFRIMENTO **91**

Apresentar Jesus como modelo é sempre complexo e temerário. Não há como, somente em palavras ou em apenas um capítulo de um livro, mostrar a grandeza de cada ato da jornada terrena do Mestre, pois "Nele estão escondidos todos os tesouros da sabedoria e do conhecimento" (Colossenses 2:3). Contudo, questões importantes do caráter e testemunho de Jesus no tempo do sofrimento nos servirão de exemplo de como passar pelos momentos mais duros da nossa vida. Nos evangelhos, Cristo nos deixou um modelo de como viver o sofrimento físico, emocional e espiritual. Para compreendermos adequadamente essas verdades, precisamos observar com atenção o que de fato é a cruz de Cristo.

Sofrimento, dor, lamentação, abandono, traição, injustiça e sofrimento mental não são assuntos sobre os quais gostamos de ouvir nos sermões dominicais. A cada culto, desejamos receber a dose de "dopamina espiritual" que nos ajude a "vencer a semana" e nos impulsione a viver o extraordinário, ainda que, para isso, seja necessário negar as dores e tragédias que, porventura, vivamos. É paradoxal que, nesta época em que muitos sofrem, evitemos falar do sofrimento para não produzir desconforto em quem está quase hipnotizado em busca de resposta assertiva e rápida.

Se Jesus, que é o caminho, a verdade e a vida, teve como destino a cruz e cumpriu seu chamado por meio do sofrimento, como podemos conciliar a dor com o cristianismo contemporâneo frequentemente focado na felicidade, no bem-estar e no sucesso?

A Bíblia não nos apresenta Jesus como guerreiro, apesar de algumas reuniões de homens insistirem em retratá-lo dessa maneira. Cristo é o Salvador manso e humilde de coração, que, conforme Pedro escreveu, nos serve de exemplo (cf. 1Pedro 2:21), devemos seguirmos seus passos. Ele enfrentou a dor e a abraçou como parte essencial de sua missão de vida.

Dias atrás, conversei sobre isso com um amigo: tenho sofrimentos, mas a vida de Jesus é um choque de realidade que coloca minhas dúvidas no devido lugar. O sofrimento de Cristo nos mostra que a fé cristã é diferente de qualquer outra religião, uma vez que somente no cristianismo o próprio Deus sofre, algo impensável em um roteiro escrito por mãos humanas. Se Jesus sofreu, por que não eu haveria de sofrer também? No entanto, às vezes, vivemos uma narrativa cristã que parece dissonante da entrega de Jesus na cruz, pois está mais centrada em promessas de conforto imediato, prosperidade e realização pessoal do que no chamado ao sacrifício e à negação do eu.

Essa incongruência revela uma distopia espiritual, uma vez que a cruz, que é o centro do evangelho, é minimizada e, com alguma frequência, ignorada. A cruz nos lembra que o caminho do discipulado passa por sofrimento e entrega abnegada, mas muitas vezes é substituída por uma mensagem triunfalista que rejeita a dor como parte da caminhada cristã. Na cultura atual, de idolatria ao bem-estar, vitória rápida e felicidade a todo custo, o sofrimento é visto como fracasso ou anomalia, e não como realidade permitida por Deus, de tal maneira que, além de anular o exemplo de Cristo, também esvazia o cristianismo de sua profundidade, de seu caminho e propósito.

Nós nos esquecemos com facilidade de que o propósito supremo da vida cristã não é o conforto humano, mas a glória de Deus. Essa glória é revelada na cruz, o verdadeiro paradoxo de alcançar a vitória por meio do sofrimento. Ignorar essa realidade é negar a essência do evangelho e a natureza do chamado cristão. Jesus nunca prometeu uma vida isenta de dor, mas chamou seus seguidores para tomarem a cruz e o seguirem (Lucas 9:23).

Negar a dor como parte da caminhada é, então, rejeitar o modelo que Cristo nos deixou. É essencial recuperarmos a visão bíblica da cruz como o caminho que molda nosso caráter, transforma nossa perspectiva e nos conduz à verdadeira comunhão com Deus. Somente quando o fizermos, poderemos resistir à superficialidade de uma fé centrada no bem-estar e reencontraremos a profundidade do discipulado que reflete o exemplo de Jesus.

A cruz é mais do que salvação e remissão de pecados, é a resposta definitiva de Deus ao problema do mal e do sofrimento no mundo. Na história da humanidade, o Senhor não permaneceu distante e observou a dor humana de longe, ele participou dela e assumiu o peso total do pecado e do sofrimento. Na cruz, Jesus enfrentou a injustiça e a dor física, além de ter carregado a profundidade espiritual das consequências do pecado no mundo. É muito importante compreendermos o papel do sofrimento na construção da história, assim como é essencial entendermos como chegará o dia no qual Deus, enfim, eliminará toda dor (abordarei esse tema no capítulo seguinte). Deus poderia ter eliminado o mal com uma palavra de ordem, pois não lhe falta poder nem direito para tal, mas escolheu lidar com o assunto de dentro para fora e suportar suas consequências para derrotá-lo definitivamente. Nós, por outro lado, queremos viver uma vida imune aos sofrimentos; queremos que o Senhor decrete nossa vitória. Esse pedido é divergente do padrão do Criador que, na própria vez, escolheu sofrer pelos pecados de toda a humanidade.

Na cruz, Deus se solidariza plenamente com o sofrimento humano, resolve o problema do pecado e entra nas experiências mais dolorosas da humanidade. Em Jesus, o Criador demonstrou entender nossa solidão, rejeição e angústia, pois Cristo clamou na cruz: "Deus meu, Deus meu, por que me desamparaste?" (Mateus 27:46). Essa fala gera uma poderosa identificação do Senhor com quem se sente abandonado e desconectado de Deus quando enfrenta dor e sofrimento. Jesus não é indiferente; em vez disso, sofre conosco e mostra que nunca estamos sozinhos.

Eu me lembro de um paciente que foi estimulado por um famoso coach a acordar todos os dias e gritar palavras de vitória e afirmação ainda que sua vida estivesse desmoronando e carregada de dor. Obviamente, não nego a importância da psicologia positiva (falarei dela posteriormente), tampouco suas evidências científicas, mas o caminho do discipulado de Jesus é de extrema honestidade com os sentimentos.

Imagine se Jesus vivesse hoje segundo a liturgia desse coach de autoajuda. Ele poderia dizer aos discípulos: "Fiquem tranquilos, está tudo sob controle. Eu vou ressuscitar daqui três dias. Determinem palavras de vitória (ou outras frases de autoajuda exaustivamente repetidas em nossos dias)". Ao chegar ao Getsêmani, porém, as palavras do Senhor vão na direção contrária e expõem sentimentos sem filtros para os discípulos que eram seus melhores amigos. Esconder a dor ou negar o que se sente não é o caminho de Jesus para lidar com o sofrimento.

Outra verdade revelada pela cruz é que o sofrimento, apesar de terrível, pode ser transformado. O sofrimento de Jesus teve um propósito redentor: a reconciliação entre Deus e a humanidade. Da mesma forma, nosso sofrimento, quando entregue ao Senhor, pode ser usado para moldar nosso caráter, fortalecer nossa fé e trazer esperança e transformação a outros. A cruz nos ensina que a dor pode ser um meio para algo maior que Deus está realizando em nós e por intermédio de nós.

Como pai, é difícil colocar em palavras o turbilhão de emoções que sinto ao olhar para meu filho de 11 anos com Síndrome de Down. Ele é meu maior professor, mas também o maior desafio do meu coração. Às vezes, não consigo compreender totalmente o que ele sente ou tenta me dizer com suas frases tão imprecisas, o que gera em mim uma sensação de impotência esmagadora. Penso constantemente acerca do futuro, no que acontecerá quando eu não estiver mais aqui para protegê-lo, guiá-lo e traduzir o mundo para ele. O preconceito, tão cruel e muitas vezes silencioso, dói mais do que qualquer outra coisa; ver olhares de estranheza ou ouvir comentários insensíveis machuca de uma maneira difícil de explicar.

Ao mesmo tempo, a fragilidade de Tiago frente a atividades consideradas muito simples — como precisar de ajuda para amarrar os sapatos ou para entender algo óbvio para outros — me confronta com a minha própria vulnerabilidade e com o meu desejo de que ele encontre um mundo mais amável e acessível. Tudo isso pesa, mas também me molda, me ensina a amar de maneira mais profunda e incondicional, apesar de eu ficar com o coração apertado por tudo o que ele merece e precisa.

Esse meu sofrimento é quase diário e me molda para um propósito maior que Deus escreveu antes da fundação do mundo. Será que eu teria sensibilidade para escutar tantas dores ou lidar com sentimentos tão extremos no consultório sem viver pessoal e realisticamente dores em meu coração? Eu teria a percepção de fé que tenho hoje sem ter sofrido ao longo da caminhada? Será que minha humanidade estaria ativa por meio do discipulado de Jesus se minha história fosse diferente? A cruz é pedagógica, nos ensina muito sobre a natureza do verdadeiro amor.

Quando olhamos para o sacrifício de Jesus, vemos a amplitude do amor de Deus, que escolheu sofrer e morrer por quem não merecia; assim, somos revigorados com consolo e esperança, inclusive nos momentos mais difíceis. Saber que Deus tem tamanho amor por nós, independentemente das circunstâncias que passemos, nos provê força para enfrentar as adversidades da vida com coragem e confiança.

À luz da cruz, o sofrimento humano é transformado. A cruz não elimina o sofrimento do mundo, mas nos mostra a presença do Senhor em nossa dor. A aflição não tem a palavra final, é o Senhor quem a detém. A ressurreição de Jesus é a prova de que o sofrimento e o mal não são eternos; eles serão derrotados, e uma nova criação surgirá.

A esperança na eternidade nos ajuda a perseverar, pois ficamos cientes de que há um propósito maior nas lutas, uma vez que Deus está trabalhando para restaurar todas as coisas e um memorial eterno está sendo escrito com cada lágrima e sofrimento da nossa jornada. Tenha sempre em mente que Deus vê seu sofrimento e está produzindo uma história muito maior do que seus olhos podem enxergar. Para muitos, a vida é um mar de sofrimentos, mas o nome do Senhor é glorificado na criação em uma magnitude muito maior do que somos capazes de decifrar com os sentimentos.

Jesus: o modelo perfeito de como passar pelo sofrimento

A cruz se apresenta como modelo para enfrentarmos o sofrimento. Jesus nos mostra que é legítimo sentir dor, orar intensamente e clamar a Deus durante a angústia. Se coaches de autoajuda insistem em dizer que você não deve sentir medo de nada, Jesus nos ensina a clamar "Deus meu, porque me desamparaste?".

Cristo também nos ensina a confiar no Pai celeste, inclusive quando a dor parecer insuportável. Na cruz, o sofrimento humano encontra redenção, propósito e esperança, aponta para a glória futura que supera as tribulações presentes. Essa visão transforma não apenas nossa compreensão do sofrimento, mas também a maneira como vivemos e enfrentamos as adversidades.

Muito mais que um evento histórico ou símbolo de inspiração, a cruz de Cristo é o marco inicial de um movimento transformador para redimir o mundo. Na cruz, Deus venceu o pecado e a morte, além de estabelecer o modelo por meio do qual a vitória deve ser implementada. Exemplo de amor sacrificial, a cruz também é um chamado ativo para que os seguidores de Jesus amem de maneira concreta, enfrentem o mal e as trevas com o poder paradoxal do sofrimento. A cruz sempre será um espelho para você ver o sofrimento na contramão do mundo.

A vida cristã, à luz da cruz, não se limita à contemplação ou à aceitação passiva do sacrifício de Cristo. Em vez disso, somos convocados a participar da história que Deus está construindo e a seguir o padrão estabelecido por Jesus, que não é de força bruta, conquista ou domínio, mas de humildade, serviço e entrega. O amor abnegado e sofredor de Jesus é o meio pelo qual Deus começa a redimir o mundo. Surpreendentemente, o Senhor escolheu usar a Igreja como instrumento para essa redenção. Então, a cruz aponta para o que Cristo fez e para o que a Igreja deve fazer, viver e experimentar.

Implementar a vitória de Deus no mundo envolve assumir a cruz como estilo de vida. Amar com sacrifício, perdoar ofensas e buscar a justiça em meio à oposição são algumas das formas de colocar em prática o padrão da cruz. Cristo venceu sem pagar o mal com o mal, mas ao se submeter ao sofrimento e expô-lo; nós somos chamados a transformar o mundo por meio do amor doador. A cruz nos ensina a alcançar a verdadeira vitória ao nos esvaziarmos de nós mesmos para que o poder de Deus se manifeste por meio de nós. Esse não é um discurso que as pessoas querem ouvir, reforço.

Ao contemplar essas verdades, algumas perguntas surgiram: Esvaziar-se de si mesmo não seria outro paradoxo no mundo que nos diz para sermos nossa melhor versão? Renunciar ao poder que temos não seria uma ideia antagônica ao que escutamos sobre o poder estar dentro de nós?

Quando reflito sobre esses questionamentos, chego à conclusão de que o Jesus bíblico seria visto hoje como fracassado, fraco e, sobretudo, como alguém que não deveria ser imitado. Imagine como seria entendido alguém que diz ter um propósito grande na terra, mas opta por viver na pobreza, cercado de pessoas que não têm muito a agregar. A maioria dos discípulos era de pessoas não respeitadas pela sociedade da época; além disso, Cristo era avesso à fama e afirmava que o caminho é perder para ganhar. Essa pessoa definitivamente não teria sucesso na internet hoje em dia. Longe de serem derrotas, sofrimento e dor são paradoxalmente os meios pelos quais o reino de Deus avança.

Ao enfrentar a injustiça com perseverança, o ódio com amor e a rejeição com graça, participamos ativamente do que Deus iniciou na cruz. Esse tipo de amor que sofre não é fraco, mas carrega em si o poder transformador de desarmar o mal e trazer reconciliação e paz. Jesus venceu o mal e já temos a natureza divina em nós pelo Espírito Santo.

O reino de Deus já está em nós, só precisamos compreendê-lo da maneira correta e entender que o sofrimento nem sempre significa derrota. Talvez nada do que eu tenha dito sirva de consolo ao seu sofrimento presente. Diante da dor, sentimentos e emoções se tornam impossíveis de serem controlados. Se, por um lado, a cruz não nega nossos sentimentos; por outro, ela nos traz a esperança de que Deus não é indiferente, mas nos possibilita viver a história em porções estabelecidas para nós antes da fundação do mundo.

A cruz nos molda para vivermos como agentes dessa nova realidade, sustentados pela certeza de que, assim como o sofrimento de Cristo culminou na ressurreição, nosso sofrimento também não será em vão, mas parte do grande plano de Deus na história:

> Antes, alegrem-se à medida que participam dos sofrimentos de Cristo, para que, também, quando a glória dele for revelada, vocês exultem com grande alegria.
> (1Pedro 4:13)

Honestidade na dor

A cena de Jesus no Jardim do Getsêmani descrita nos evangelhos revela profundidade emocional e psicológica. Em Mateus 26:38, Jesus declara: "A minha alma está profundamente triste, em uma tristeza mortal". Expressar o sofrimento emocional extremo não reflete apenas a expectativa da dor física que ele enfrentaria na cruz, mas a carga espiritual inimaginável de tomar sobre si os pecados do mundo. A tristeza do Senhor se conecta diretamente com a experiência humana da angústia limitante, do desespero que muitos enfrentam durante crises.

Lucas 22:44 descreve que Jesus estava angustiado, orava mais intensamente, e seu suor era como gotas de sangue que caíam no chão. Esse fenômeno raro, conhecido como hematidrose, ocorre sob estresse extremo, quando pequenos vasos sanguíneos se rompem devido à pressão psicológica e o sangue se mistura ao suor. A tensão emocional que Jesus enfrentava não era abstrata, mas visceral, atingia seu corpo de maneira física. É impressionante como muitas pessoas, apesar de já terem pelo menos ouvido falar dos sentimentos de Jesus, insistem em dizer que cristãos verdadeiros não podem ter tristeza, medo, ansiedade ou dor. A vida de Jesus desfaz esse equívoco.

Jesus carregava o peso do sofrimento iminente e da missão redentora com intensidade superior à da experiência humana comum e demonstrava que ele tomou plenamente sobre si a fragilidade humana. Vulnerável, Jesus buscou repetidamente o apoio de seus discípulos, mas eles dormiam, o que o levou a perguntar: "Vocês não puderam vigiar comigo nem por uma hora?" (Mateus 26:40). Com esse questionamento, aprendemos que outro aspecto recorrente do sofrimento é a solidão. Jesus, apesar de ser Filho de Deus, desejava a presença e o apoio de quem estava perto dele, mas permanece sozinho durante a angústia.

A experiência de Cristo é um retrato universal da solidão emocional enfrentada por muitos no tempo da dor, especialmente quando percebem que quem está ao redor não consegue compreender ou acompanhar a profundidade do sofrimento.

PRÁTICA 1
RESPONDA À PERGUNTA
A SEGUIR COM SINCERIDADE

Você já se sentiu em solidão emocional ao passar por um sofrimento que ninguém ao seu redor conseguia compreender? Como foi?

_____

_____

_____

_____

_____

Jesus sabe como é se sentir só e incompreendido. Traga essa verdade à memória com frequência para assegurar a esperança em dias ruins. Muitas vezes, nem sequer as pessoas mais próximas conseguirão entender sua dor. Cristo, porém, sempre entenderá.

A oração de Jesus, registrada em Mateus 26:39, é uma das mais intensas de toda a Escritura: "Meu Pai, se possível, passe de mim este cálice; todavia, não seja como eu quero, mas como tu queres". Essa súplica reflete um conflito interno genuíno, uma tensão entre o desejo humano de evitar o sofrimento e a obediência perfeita à vontade de Deus. Todos nós viveremos esse conflito em algum momento da vida. Não como Jesus, que ali carregava o peso dos pecados de toda a humanidade, mas, em diversos momentos, desejaremos evitar o sofrimento a todo custo, apesar de sabermos que Deus será glorificado nele.

Isto é importante: Deus não ficará ofendido, tampouco o abandonará porque você deseja evitar o sofrimento. Ele compreende perfeitamente esse sentimento que toma nosso coração.

Psicologicamente, o Jardim do Getsêmani é uma demonstração clara de luta emocional, mas também de força espiritual, pois o Senhor entrega seus medos e dores ao Pai. A rendição em meio ao sofrimento nos fornece um modelo poderoso de como enfrentar a aflição: com honestidade diante de Deus e confiança nos planos divinos. Apesar de parecer paradoxal e impossível de ser feito, Jesus nos mostrou por seu exemplo que podemos sofrer uma dor emocional intensa e entregar o coração sincero no espírito ao nosso destino com nosso Deus.

O clamor de Jesus na cruz, "Deus meu, Deus meu, por que me desamparaste?" (Mateus 27:46), revela a profundidade da sua angústia. Ao citar Salmos 22, o grito reflete a experiência mais devastadora do sofrimento humano: a sensação de separação ou abandono. Jesus carrega a culpa e o pecado da humanidade, além de experimentar a dor psicológica e espiritual do afastamento do Senhor. O sentimento de desamparo ressoa no mais íntimo dos que, na própria crise, se sentem desconectados de tudo e todos, inclusive de Deus.

Sentir que Deus está distante quando sofremos muito não significa que ele o abandonou nem que você não tenha fé. O Senhor compreende o seu coração durante o sofrimento porque o próprio Jesus viveu sofrimento incomparável durante sua vida na terra.

O sofrimento de Jesus no Getsêmani foi físico e espiritual, mas também foi emocional e psicológico. Ele estava prestes a enfrentar humilhação, rejeição, tortura e morte, mas também carregava o peso espiritual de redimir o mundo, uma carga emocional extraordinariamente forte. Vemos a humanidade plena de Jesus revelada em toda a sua vulnerabilidade: tristeza, angústia, solidão, conflitos internos, entrega, resiliência e fé.

Quando alguém lhe disser que um cristão não fica triste, com medo ou sensação de abandono, aponte para a cruz de Cristo, lembre-se sempre que o modelo de Jesus não é o de super-heróis sem emoções, tampouco nós somos chamados a ser supercristãos, mas a nos tornarmos discípulos que imitam o grande Mestre em tudo.

Jesus é nosso modelo emocional para viver as dores deste mundo. Ele nos ensina que é legítimo sentir, orar com intensidade e buscar apoio nos outros, mas, acima de tudo, confiar em Deus a despeito das noites mais escuras da alma. Nosso sofrimento nos conecta à solidariedade do amor divino, mostrando que o Senhor entende plenamente nossas dores porque as viveu em toda a sua intensidade.

PRÁTICA 2
FAÇA A ORAÇÃO A SEGUIR

Senhor Jesus,
Diante da cruz, venho a ti e trago o peso do meu sofrimento. Sei que tu conheces a dor com uma profundidade que eu jamais poderia suportar. Sei que no Getsêmani tu sentiste tristeza mortal, suaste sangue e clamaste ao Pai com palavras tão humanas: "Passa de mim este cálice". Na cruz, experimentaste solidão e abandono, clamaste: "Deus meu, Deus meu, por que me desamparaste?". Senhor, teu amor por mim é tão grande que escolheste suportar tudo isso por minha causa.

Hoje, eu também me sinto esmagado pela dor. Estou cansado e sozinho. Há momentos em que mal consigo acreditar no fim para esta escuridão. Como tu clamaste ao Pai, eu também clamo: "Se for possível, afasta de mim este cálice". Mas eu me entrego à tua vontade, mesmo que seja difícil, porque sei que tu estás comigo, mesmo quando meu coração diz o contrário. Sei que tu não me abandonas, pois carregaste o peso do pecado e da dor para que eu nunca estivesse sozinho.

Ajuda-me a lembrar que a cruz prova que o sofrimento não é o fim. Dá-me coragem para enfrentar este momento com a certeza de que, assim como a ressurreição veio depois da cruz, há esperança além da dor que sinto agora. Fortalece-me com teu amor sofredor, que venceu o mal e a morte, e ensina-me a confiar, mesmo quando não entendo o porquê de tudo isso.

Senhor, eu te agradeço por tua solidariedade divina. Obrigado por saber exatamente como é sofrer, por entender a minha dor e por caminhar ao meu lado, mesmo quando eu não percebo. Sustenta-me com tua graça, e que, ao olhar para a tua cruz, eu encontre força, consolo e a certeza de que o teu amor é maior do que qualquer sofrimento.

Em teu nome, Jesus, eu oro. Amém.

PRÁTICA 3
TESTEMUNHO EM MEIO À DOR

Coisas ruins acontecem a pessoas boas.

Em 1º de abril de 2022, recebemos uma notícia devastadora que transformou a nossa família. Após uma cirurgia para retirada da vesícula, o médico entrou no quarto do hospital e disse com todas as letras: "Jovem, você tem câncer". Perdemos o chão sob os nossos pés. Naquela época, meu irmão caçula tinha 42 anos, uma filha de 10 e uma esposa que havia acabado de vencer uma luta contra um câncer de útero.

Lá estava eu — conhecedora da Palavra e do poder de Deus que opera em nós — sem saber o quanto de sofrimento estava reservado para nossa família. Era o momento de superar o impacto, recobrar as forças e começar a lutar. Nessa guerra, não há trégua. Nem um só dia de descanso. Não há espaço para lamento, murmuração ou questionamento. Estávamos em guerra espiritual: diversas campanhas de oração individuais e coletivas, jejuns, clamor no monte e busca incessante pelo milagre. A equipe de intercessão da minha igreja nos abraçou e lutou conosco. A guerra também era natural: exames, médicos, hospitais, internações, medicamentos, tratamentos, dietas e pesquisas.

Ele era um jovem formoso, dono do sorriso mais lindo. Formado em Direito aos 22 anos, sempre se destacou como o melhor da turma desde criança. Filho amado, cuidava de todos nós como patriarca da família. Havia uma unção sobre ele: tudo o que tocava prosperava; tinha autoridade. Sempre conciliador, generoso, compassivo e alegre.

Com o passar dos dias, a melhor pessoa que já conheci no mundo perdia peso, mas ganhava humildade e contentamento. Conheceu Jesus e se rendeu totalmente a ele. Seus olhos brilhavam ao ouvir a Palavra. Tinha sede e fome de Jesus. Amava ir aos cultos e sempre havia um sorriso largo em seu rosto. Nunca reclamou, nem mesmo durante as sessões de quimioterapia. Sempre dizia uma palavra de agradecimento pelos gestos de cuidado.

Ele era altruísta, corajoso e cheio de esperança, o que tornava a minha dor ainda maior. O sofrimento que ele enfrentava a cada dia rasgava o meu peito. As lágrimas eram minhas companheiras enquanto eu dirigia, orava ou simplesmente me lembrava dele. Acordava durante a noite pensando em como ele estaria naquele momento, no sofrimento silencioso e resiliente daquele guerreiro. Eu me sentia impotente, de mãos atadas. A cada dia, tornava-me menor, mais humilde e mais dependente de Deus. Tudo o que eu podia oferecer era minha companhia, meu silêncio em alguns momentos, as histórias da

Bíblia e orações. Apesar do meu esforço, a dor e o sofrimento continuavam a crescer no meu peito.

A esperança de cura nunca saiu do meu coração, nem sequer quando o médico disse que não havia mais nada a fazer. Enquanto ele piorava visivelmente a cada dia, eu pensava em como seria grande o milagre. Esse dia, porém, não chegou. Finalmente, ele partiu. Mais uma vez, eu precisava ser forte e corajosa para ajudar a família. Nossa dor ainda ia aumentar. Era como se eu anulasse meus sentimentos e emoções enquanto me agarrava à Palavra desesperadamente. Com toda a fé que eu tinha, tentava viver o versículo: "O que me consola na minha angústia é a tua Palavra que me vivifica" (Salmos 119:50).

Verdadeiramente, experimentei a dor da perda de um irmão jovem e maravilhoso. Uma dor que não passa e uma saudade que apenas aumenta. Escolho me consolar no amor de Deus, na salvação e na vida eterna. Sou grata por cada dia ao lado dele: Deus nos permitiu viver inúmeras pequenas demonstrações de seu cuidado e amor.

Vejo o controle nas mãos de um Deus poderoso que, apesar de toda a sua glória, se importa conosco. Ele é soberano. Não tento entender, mas confio e me entrego totalmente a ele, que me amou primeiro.

Joana

PRÁTICA 4
VERSÍCULO PARA MEDITAÇÃO

tendo os olhos fitos em Jesus, autor e consumador da nossa fé. Ele, pela alegria que lhe fora proposta, suportou a cruz, ao desprezar a vergonha e assentou-se à direita do trono de Deus. Pensem bem naquele que suportou tal oposição dos pecadores contra si mesmo, para que vocês não se cansem nem desanimem.
(Hebreus 12:2-3)

Ao olhar para Jesus, aprendemos que o sofrimento, embora difícil e muitas vezes incompreensível, pode ser enfrentado com propósito e esperança. Cristo suportou a cruz, uma dor inimaginável, porque tinha diante de si a alegria de cumprir o plano de Deus e trazer salvação ao mundo.

Como cristãos, somos chamados a fixar nossos olhos no Senhor e nos lembrar de que ele viveu a dor com perseverança e confiança no Pai.

Quando enfrentamos aflição, facilmente desanimamos e perdemos de vista a esperança. O exemplo de Jesus, porém, nos ensina que, mesmo na dor, podemos confiar em que Deus está realizando algo maior. Assim como Jesus desprezou a vergonha da cruz por saber que a glória viria depois, nós também podemos encarar o sofrimento com a certeza de que há um propósito maior. Não somos chamados a ignorar ou minimizar a dor, mas a enfrentá-la com os olhos fixos em Cristo, que já venceu por nós. Ao refletir sobre a perseverança de Jesus, encontramos força para seguir adiante, cientes de que ele caminha conosco e de que, no final, há uma glória eterna preparada para quem persevera.

9

Prepare-se! Seu futuro terá uma mente imune ao sofrimento

Considero, pois, que os sofrimentos do tempo presente não podem ser comparados com a glória que em nós será revelada. A criação aguarda, com grande expectativa, que os filhos de Deus sejam revelados. Pois a criação foi submetida à inutilidade, não pela sua própria escolha, mas por causa da vontade daquele que a sujeitou, na esperança de que a própria criação será liberta da escravidão que conduz à decadência, para receber a mesma gloriosa liberdade dos filhos de Deus.
Pois sabemos que toda a criação geme em conjunto como se sofresse dores de parto até agora. Agora, não somente isso, mas nós mesmos, que temos os primeiros frutos do Espírito, gememos interiormente, esperando ansiosamente a adoção como filhos, a redenção do nosso corpo. Nessa esperança fomos salvos. Contudo, esperança que se vê não é esperança, pois quem espera por aquilo que está vendo? Entretanto, se esperamos o que não vemos, com paciência o aguardamos.
(Romanos 8:18-25)

Além do rio azul
As ruas são de ouro e de cristais
Ali tudo é vida, ali tudo é paz
Morte e choro, nunca mais
Tristeza e dor, nunca mais.
— "Além do rio azul", Voz da Verdade

No capítulo anterior, observamos a importância de compreendermos a cruz de Cristo e o exemplo de vida que ele deixou para enfrentarmos a dor e o sofrimento. A vida cristã não acaba neste ponto e precisamos ir além em nossa percepção aguçada do que a Bíblia nos ensina sobre caminhos para enfrentarmos melhor a dor e o sofrimento.

Jesus nos salvou naquela cruz, nos permitiu entrar na era da graça e nos deu o ingresso eterno para um tempo no qual não haverá mais sofrimento, vergonha nem dor. Se tivéssemos uma percepção melhor do que a eternidade nos reserva, talvez consideraríamos que "nossos sofrimentos atuais não podem ser comparados à glória que em nós será revelada" (Romanos 8:18).

Para ampliar nossa percepção, temos que rever as ideias que temos formadas acerca do fim dos tempos, da escatologia e até mesmo da volta de Jesus. Dentro do grupo total de cristãos, há interpretações muito discordantes das Escrituras sobre esses assuntos, o que nos impede de termos santos remédios para os sofrimentos experimentados na "vida dura debaixo do sol" (cf. Eclesiastes 8). Para ilustrar de maneira prática essa reflexão, vou contar duas histórias de pacientes.

Mário, um cristão fervoroso de meia-idade, tinha desenvolvido um hábito peculiar: todos os dias, passava horas assistindo a vídeos no YouTube sobre o fim dos tempos. Ele acompanhava tudo, desde teorias sobre a marca da besta até supostos sinais do anticristo no noticiário da TV. Cada novo vídeo parecia alimentar sua ansiedade, em vez de fortalecê-lo na fé. Mário já não via a volta de Jesus como um evento glorioso e cheio de esperança, mas como algo repleto de medo e pavor. Sua visão do apocalipse era marcada por imagens de destruição, sofrimento e caos, de tal modo a afetar profundamente sua saúde emocional e espiritual.

Durante uma conversa no consultório, Mário desabafou: "Oro todos os dias para que Jesus volte logo. Além de eu estar ansioso para estar com o Senhor, para ver o novo céu e a nova terra, não aguento mais este mundo principalmente. As notícias me deixam aflito; os vídeos mostram que a situação vai apenas piorar. Tenho medo de tudo que está por vir. E se eu não estiver preparado? E se eu falhar em reconhecer os sinais? Tenho pavor do que pode acontecer comigo e com minha família".

Mário vivia não na esperança do evangelho, mas em uma prisão de medo. A perspectiva da volta de Jesus havia sido distorcida: não era mais como uma âncora de fé que aponta para a vitória final de Cristo, tornou-se uma narrativa de terror que o paralisava. Cada manchete de jornal passou a ser entendida como sinal do anticristo; cada teoria, uma evidência de que o fim estava mais próximo — e que seria insuportável.

PRÁTICA 1
REFLEXÃO

Você conhece alguém que já passou ou está passando por uma situação parecida com a do Mário? Se você estiver nessa condição, mesmo que em proporções reduzidas, sua esperança tem sido morta pelo medo. Escreva a respeito dos seus sentimentos.

_____

_____

_____

_____

_____

_____

Conversei com Mário sobre o que as Escrituras realmente dizem sobre o retorno de Cristo. Expliquei que, embora a Bíblia nos mostre, ainda que simbolicamente, os desafios do fim dos tempos, o foco é a gloriosa redenção que aguardamos: um novo céu e uma nova terra cheia de justiça, sem lágrimas, dor ou morte. Compartilhei como o Apocalipse, longe de ser um livro somente de julgamento, é uma mensagem cristã de consolo que anuncia a vitória definitiva de Cristo e a restauração de todas as coisas; é a vitória definitiva sobre o sofrimento.

Também abordei a promessa do corpo glorificado, completamente livre do pecado e da doença que hoje nos atormentam. "Mário", eu lhe disse, "a volta de Jesus não é algo para temermos, mas para desejarmos com alegria. Não é um evento para fugir deste mundo, mas para abraçar o mundo novo que Deus criará. Nossa esperança está em ver o Senhor face a face e viver em comunhão plena com ele, não em temer o que virá antes disso".

Ao final da conversa, Mário começou a enxergar que sua obsessão por teorias e medos estava fazendo morrer a verdadeira esperança do evangelho. Ele percebeu que precisava redirecionar sua atenção para as promessas de Deus, e não para teorias sensacionalistas que o deixavam ansioso. "Eu quero aprender a esperar por Jesus com esperança, não com medo", disse ele.

A mudança não aconteceu da noite para o dia na vida de Mário, mas foi o início de uma jornada para redescobrir a alegria de viver com a expectativa da redenção final. A primeira diferença foi na escolha de, em vez de ver vídeos apocalípticos, ler as Escrituras, para fortalecer a fé. Aos poucos, ele passou a orar não apenas pedindo a volta de Cristo como uma saída para o medo, mas como uma celebração da glória futura que o aguarda.

A segunda história surgiu no fim de uma consulta. Acredite, muitos dos meus clientes amam abordar esses assuntos. Meu paciente Matheus fez um desabafo sincero que refletia uma inquietação comum, embora raramente expressada no ambiente cristão: "O céu parece ser meio chato, não acha? Ficar apenas adorando a Deus por toda a eternidade, sem fazer nada, parece um tédio". Para um paciente com TDAH (Transtorno do Déficit de Atenção e Hiperatividade) como ele, qualquer ideia de tédio era uma verdadeira tortura. Suas palavras expressavam algo comum a muitos cristãos: falta para nós a exata dimensão do que será a eternidade.

Matheus descreveu sua dificuldade em imaginar o paraíso como algo desejável, caso o quadro seja de pessoas sentadas em nuvens, entoando cânticos sem fim, sem propósito, criatividade ou dinamismo. Aliás, essa é muitas vezes uma imagem representada erroneamente nos filmes e até em alguns ensinos teológicos.

A honestidade das palavras dele me surpreendeu. Ao mesmo tempo, revelou um equívoco profundamente arraigado sobre o que a Bíblia realmente ensina sobre o céu e a eternidade. Refleti por alguns instantes e, em seguida, fiz um contraponto: "Você já parou para pensar que o Éden, o primeiro lugar onde Deus colocou o homem, não era um lugar de inatividade, tédio ou sem nada para fazer? Adão e Eva não ficavam parados, cantando o tempo todo, mas tinham tarefas, responsabilidades e propósito: cuidavam do jardim, davam nome aos animais, exploravam a criação e viviam em harmonia com o Criador e com o mundo ao redor. Havia trabalho, mas era pleno de sentido, livre do cansaço, do burnout e da frustração que hoje associamos ao esforço humano". Expliquei-lhe que o Éden era um reflexo do que Deus pretendia para a Criação: uma existência vibrante, equilibrada, saudável, criativa e profundamente conectada ao Senhor.

Ressaltei que o novo céu e a nova terra não serão uma repetição monótona de cânticos infindáveis, mas a realização plena do propósito criativo de Deus. O céu não é um lugar de fuga, mas o lugar da criação renovada e transformada. Assim como, no Éden, houve criatividade e participação ativa no plano de Deus, o novo céu e nova terra serão o cenário para uma eternidade de descoberta, criatividade e adoração dinâmica. A diferença é que, na nova criação, tudo será permeado pela perfeita presença de Deus: cada ato — seja explorar, criar ou simplesmente viver — será uma expressão de louvor, alegria, paz e plenitude. Tudo o que desejamos que este mundo fosse de bom será a eternidade com Deus. Tudo funcionará com perfeição. "Adorar a Deus não significa apenas cantar hinos", expliquei. "Significa viver de maneira plena, em harmonia com quem o Senhor é e com o que ele fez. Significa criar, trabalhar, rir, explorar e se maravilhar com a glória de Deus em todas as coisas. O céu será uma renovação da harmonia original, mas em uma escala infinitamente maior e mais gloriosa; será tudo, menos tedioso." Concluí dizendo que essa visão deveria nos encher de esperança, pois Deus não nos chama para uma eternidade de tédio, mas para uma vida infinita de alegria, propósito e criatividade na presença do Senhor. O novo céu e nova terra será onde finalmente viveremos a plenitude para a qual fomos criados, não como seres passivos, mas como participantes ativos do plano eterno de Deus.

O tédio, que é uma marca do vazio e da desconexão, será substituído pela plenitude da vida com o Senhor. Não haverá TDAH no céu. Também não haverá depressão, ansiedade, pânico, medo, sofrimento ou dor.

PRÁTICA 2
REFLEXÃO

Qual é a sua percepção em relação ao novo céu e à nova terra?

_____

_____

_____

_____

_____

Você pode questionar a relevância do tema deste capítulo para um livro sobre sofrimento. Contudo, creio que quanto mais firme for a nossa convicção acerca do fim, melhor viveremos as cenas intermediárias que nos conduzem ao grande final.

Paulo insiste, em Romanos 8, para que tenhamos uma percepção mais ampla do que realmente nos espera. Diante de um sofrimento, devemos compreender três coisas. Primeiro, não era para ser assim, mas, no meio do caminho, ocorreu o pecado. Segundo, não devemos aguardar pela volta de Jesus passivamente, mas ser instrumentos ativos para reduzir a dor e o sofrimento no mundo. Terceiro, devemos levar nossa mente sempre à sublime memória de que temos uma esperança; apesar de não podermos vê-la, já é realidade presente e futura, uma vez que já estamos no reino do Filho.

Para termos uma caminhada melhor durante o sofrimento, precisamos ter uma visão mais clara e esperançosa sobre a escatologia cristã, centralizada na renovação da Criação e no cumprimento do reino de Deus. Precisamos rejeitar a ideia comum de que o destino dos cristãos é abandonar este mundo em direção a um céu distante. Em vez disso, as Escrituras, especialmente o Novo Testamento, apontam para a restauração da Criação: o Senhor estabelecerá novos céus e nova terra em união plena, com a restauração do propósito original de Deus para o mundo.

Vejam que a mensagem final de Apocalipse não é uma mensagem "escapista". A Nova Jerusalém desce do céu e o Senhor nos traz de volta a imagem do "paraíso perdido" do Jardim do Éden.

> Então, vi novos céus e nova terra, pois o primeiro céu e a primeira terra tinham passado; e o mar já não existia. Vi a cidade santa, a nova Jerusalém, que descia dos céus, da parte de Deus, preparada como uma noiva adornada para o seu esposo. Ouvi uma alta voz que vinha do trono e dizia: — Eis que o tabernáculo de Deus está com os homens, com os quais ele viverá. Eles serão os seus povos; o próprio Deus estará com eles e será o Deus deles. Ele enxugará dos seus olhos toda lágrima. Não haverá mais morte, nem aflição, nem choro, nem dor, pois as coisas antigas já passaram Aquele que estava assentado no trono disse: — Vejam, eu farei novas todas as coisas!
> E acrescentou:
> — Escreva isto, pois estas palavras são verdadeiras e dignas de confiança. (Apocalipse 21:1-5)

A Queda

Quando Deus criou a humanidade, não o fez por estar entediado nem por desejar uma encrenca para se distrair. Pelo contrário, Deus nos planejou antes da fundação do mundo porque nos amou:

> Porque Deus nos escolheu nele antes da criação do mundo, para sermos santos e sem culpa diante dele. Em amor nos predestinou para sermos adotados como filhos, por meio de Jesus Cristo, conforme o bom

propósito da sua vontade, para o louvor da sua gloriosa graça, a qual nos deu gratuitamente por meio do Amado.
(Efésios 1:4-6)

A Queda do homem, narrada em Gênesis 3, trouxe consequências devastadoras para toda a Criação. Adão e Eva escolheram desobedecer a Deus e romperam o relacionamento deles com o Criador, bem como corrompeu toda a estrutura da existência. O pecado original lançou um efeito dominó sobre a biologia humana, as emoções, os relacionamentos interpessoais, o ambiente e as estruturas sociais. Nada permaneceu intacto. O mundo atual carrega as marcas profundas dessa ruptura.

No aspecto biológico, o corpo humano, originalmente criado para viver em harmonia com Deus, foi submetido à mortalidade. Doenças, envelhecimento e fragilidades físicas entraram em cena como resultado do pecado. Condições genéticas, doenças mortais e outras enfermidades refletem a corrupção que afeta até nosso DNA. O apóstolo Paulo descreve, em Romanos 8, que "toda a criação geme" sob o peso da vaidade e da decadência. A morte, que nunca fez parte do plano divino original, tornou-se a consequência inevitável do pecado e impactou nosso corpo e nossa relação com o tempo e a eternidade.

Essa corrupção biológica está intimamente ligada à distorção emocional trazida pelo pecado. Antes da queda, os seres humanos experimentavam paz e harmonia interna, mas o pecado causou ansiedade, medo, inveja e ira. A mente, criada para refletir os pensamentos de Deus, foi inundada por sentimentos disfuncionais que afetam indivíduos e relacionamentos.

Os relacionamentos interpessoais também sofreram com a Queda. Adão e Eva, que viviam em perfeita comunhão, não demoraram para tentar transferir culpa um ao outro. A vergonha e a desconfiança invadiram o espaço que era ocupado por amor e pela unidade. A dinâmica de conflito se estendeu para as gerações seguintes, o que resultou em divisões familiares, traição de amigos e desigualdades sociais. A busca por controle e poder sobre o outro, em vez de uma relação de serviço mútuo, tornou-se uma constante na história humana.

Além disso, a Queda distorceu os desejos humanos e levou a uma busca insaciável por poder, riqueza e status. O chamado original de Deus para cuidar da Criação e governar com justiça foi substituído pelo desejo egoísta de exploração e acúmulo, uma idolatria ao dinheiro e ao sucesso que agrava a desigualdade social e afasta as pessoas do propósito para o qual foram criadas: viver em comunhão com Deus e com o próximo.

Essa ruptura espiritual também impactou a relação do homem com o ambiente. A harmonia original entre a humanidade e a Criação foi quebrada, e a terra passou a "produzir espinhos e ervas daninhas". A exploração irresponsável de recursos naturais, a poluição e o desequilíbrio ambiental refletem essa desconexão. Em vez de cuidar da Criação como um dom de Deus, fizemos dela um campo de batalha explorado para satisfazer desejos egoístas e insustentáveis.

Se aprofundarmos nossa observação, vamos compreender que a Queda também gerou guerras, conflitos e opressões. Nações e povos buscam hegemonia, território e recursos, gerando sofrimento em escala global. A violência é uma manifestação extrema da corrupção do coração humano, que se desvia do propósito original de Deus de viver em paz e justiça.

O impacto mais grave da Queda foi a separação espiritual entre Deus e a humanidade. O vazio deixado por essa desconexão levou o homem a buscar propósito em ídolos e sistemas distorcidos de adoração. A comunhão, essência da vida humana, foi rompida, e o homem passou a viver em constante luta para preencher esse vazio.

Essa, porém, não é a palavra final. O plano redentor de Deus, revelado em Jesus, promete a restauração completa de tudo o que foi corrompido. A ressurreição de Cristo é a garantia de que nossos corpos serão glorificados e toda a Criação será renovada. Nosso corpo, agora sujeito à doença e morte, será transformado em um corpo glorificado, livre de enfermidades.

Emoções disfuncionais darão lugar à paz e ao amor perfeitos, e os relacionamentos serão restaurados em harmonia plena. O ambiente será renovado, e as estruturas sociais refletirão a justiça de Deus. O novo céu e a nova terra serão o cenário dessa redenção e "não haverá mais morte, nem tristeza, nem choro, nem dor" (Apocalipse 21:4). Deus enxugará toda lágrima, e sua glória preencherá a Criação. O que a Queda destruiu, Deus está restaurando em Cristo, e essa promessa nos enche de esperança. A história humana não termina na corrupção, mas na glorificação, quando todas as coisas serão feitas novas.

A criação geme (Romanos 8) e reflete o anseio de todo o "cosmos" para ser liberta da corrupção e da decadência causadas pelo pecado. Assim, toda a criação participará do plano redentor de Deus, mas aguarda o renovo. Esse "gemer" não é um sinal de destruição iminente, mas um prenúncio do nascimento de algo novo, semelhante às dores de parto que culminam em uma nova vida. O Senhor não vai destruir a Criação, mas redimi-la, trazer-lhe para a glória, perfeição, equilíbrio e harmonia plenos. A terra será renovada e tudo será perfeito, o que inclui toda nossa existência.

Instrumentos de redução de danos

Nós, cristãos, somos instrumentos de Deus para reduzir a dor e o sofrimento no mundo, chamados para ser agentes do reino de Deus e trazer sinais de sua justiça, reconciliação e amor ao mundo, apesar de sabermos que a consumação plena desse Reino ocorrerá no futuro.

Um trecho muito belo, sublime e às vezes negligenciado das Escrituras é o capítulo 25 do Evangelho de Mateus, onde Jesus nos mostra de maneira extremamente prática como o Reino de Deus se desenvolve na vida comum:

> *Pois eu tive fome, e vocês me deram de comer; tive sede, e vocês me deram de beber; fui estrangeiro, e vocês me acolheram; necessitei de roupas, e vocês me vestiram; estive enfermo, e vocês cuidaram de mim; estive preso, e vocês me visitaram.*
>
> *Então os justos lhe responderão: "Senhor, quando te vimos com fome e te demos de comer, ou com sede e te demos de beber? Quando te vimos como estrangeiro e te acolhemos, ou necessitado de roupas e te vestimos? Quando te vimos enfermo ou preso e fomos te visitar?"*
>
> *O Rei responderá: "Em verdade lhes digo que tudo o que vocês fizeram a algum desses meus pequenos irmãos, a mim o fizeram".*
>
> *Então, ele dirá aos que estiverem à sua esquerda: "Malditos, apartem-se de mim para o fogo eterno, preparado para o Diabo e os seus anjos. Pois eu tive fome, e vocês não me deram de comer; tive sede, e vocês não me deram de beber; fui estrangeiro, e vocês não me acolheram; necessitei de roupas, e vocês não me vestiram; estive enfermo e preso, e vocês não me visitaram".*
>
> *Eles também responderão: "Senhor, quando te vimos com fome, com sede, estrangeiro, necessitado de roupas, enfermo, ou preso e não te servimos?".*
>
> *Ele responderá: "Em verdade lhes digo que tudo o que vocês deixaram de fazer a algum desses pequenos, também não fizeram a mim".*
> *(Mateus 25:35-45)*

Esse trecho reflete o chamado de Jesus para vivermos o reino de Deus no presente. Quando Cristo diz que atender aos necessitados é o mesmo que atender ao próprio Rei, nos desafia a ter uma fé de ação concreta aqui e agora. Essa visão está totalmente conectada à ideia de que o reino de Deus não é apenas uma realidade a ser consumada no futuro, mas uma realidade já inaugurada por Jesus que deve ser vivida, ainda que em partes, no presente.

Logo, o Reino não é lugar de passividade, mas de ação transformadora. Como discípulos, somos chamados a ser agentes de transformação, ao trazer os sinais do Reino — cuidar dos famintos, acolher os estrangeiros, aliviar o sofrimento dos doentes, cultivar relacionamentos restauradores e zelar pela Criação — onde quer que estejamos. Cada ação é reflexo da compaixão de Deus e proclamação prática de que o Reino está entre nós.

Infelizmente, muitas vezes caímos na tentação de esperar passivamente pelo futuro, como se o Reino de Deus fosse apenas algo que acontecerá no fim dos tempos. Ficamos tão focados em especulações sobre o Apocalipse ou sinais do fim que nos esquecemos de que Jesus nos chamou a viver sua realidade aqui e agora. Quando ignoramos a fome, a injustiça, o cuidado com a natureza ou os relacionamentos quebrados, negligenciamos nosso papel de agentes do Reino.

Por intermédio do Espírito Santo, somos capacitados a viver e manifestar o Reino de Deus em cada área da nossa vida, o que não significa trazer a perfeição completa — essa será a obra final de Deus —, mas dar vislumbres dela. Ao ajudar a aliviar o sofrimento, trazer ordem à Criação, cultivar relacionamentos saudáveis e viver em obediência aos valores de Deus, deixamos no mundo uma amostra do que será a Nova Criação.

Jesus nos chama a sermos participantes ativos, não espectadores. Ele nos lembra que o reino de Deus não é apenas algo pelo qual oramos — "venha o teu Reino" (Mateus 6:10) —, mas algo que buscamos encarnar com atitudes. Ao viver como Jesus nos ensinou em Mateus 25, afirmamos que o Reino já começou e, por meio de nossa vida transformada, podemos levar transformação a outros. Não há passividade, mas trabalho, com o poder do Espírito, para que o Reino de Deus seja experimentado, mesmo que parcialmente, neste mundo caído. Cada ato de amor, justiça e cuidado é um lembrete de que o Rei já reina e que sua vitória final é certa.

A certeza do futuro

Devemos encarar o sofrimento com base na certeza do que nos aguarda.

O texto de Romanos 8:24-25 nos lembra de que nossa esperança está firmada naquilo que ainda não vemos plenamente, mas aguardamos com paciência. Temos esperança porque não existe incerteza; em vez disso, cultivamos uma certeza enraizada na promessa de Deus. Quando trazemos à memória o Reino de Deus e a nova criação prometida, somos fortalecidos para enfrentar os sofrimentos do presente.

Textos como todo o capítulo 21 do livro de Apocalipse nos ajudam a colocar a vida em perspectiva ao nos lembrar de que esta terra é passageira e de que nosso verdadeiro lar é a Nova Jerusalém. Essa visão nos chama a viver não para o materialismo ou para as coisas temporais, mas para a eternidade. Devemos juntar tesouros no céu, vivendo com generosidade, compaixão e fidelidade, pois sabemos que nosso sofrimento atual é apenas um estágio transitório rumo à glória eterna. Somos sustentados por essa certeza e convidados a viver de modo a refletir o Reino de Deus, ainda que em meio às dores e aos desafios da vida.

PRÁTICA 3
FAÇA ESTA ORAÇÃO

Senhor Deus todo-poderoso, Criador dos céus e da terra, venho diante de ti com um coração que, muitas vezes, é tomado pelo medo, pela ansiedade e pela dor do tempo presente.

Hoje, Pai, clamo para que tu enches meu coração com a visão gloriosa do que me aguarda na tua presença. Mostra-me a grandeza da redenção que estás preparando, a plenitude da nova criação, na qual tudo será restaurado e onde habitarei contigo para sempre.

Abre os olhos do meu coração para contemplar a beleza do novo céu e da nova terra, onde não haverá mais morte, nem tristeza, nem choro, nem dor. Ensina-me a enxergar além das circunstâncias difíceis e a me lembrar de que o sofrimento deste tempo presente não pode ser comparado com a glória que será revelada. Ajuda-me a passar pelas tribulações com paciência, com os olhos fixos na promessa de que, um dia, todas as lágrimas serão enxugadas pelo teu amor.

Senhor, enche-me de esperança viva, a esperança que vem do teu Espírito Santo. Remova de mim o medo do futuro e o substitua por uma confiança inabalável em ti, pois sei que tu és fiel para cumprir cada uma das tuas promessas. Que essa esperança transforme a maneira como eu vivo hoje e me leve a refletir o teu Reino em minhas ações, palavras e em meu amor ao próximo.

Pai, dá-me forças para suportar as lutas com coragem e fé, sabendo que cada passo me leva para mais perto de ti e do teu reino eterno. Que eu viva não para este mundo passageiro, mas para a eternidade, que eu junte tesouros no céu e aguarde com alegria o dia em que verei o Senhor face a face.

Obrigado, Senhor, por essa esperança que nunca falha. A ti seja a glória, agora e para sempre. Amém.

PRÁTICA 4
VERSÍCULO PARA MEDITAÇÃO

Por isso, temos este texto das Escrituras: Ninguém jamais viu ou ouviu algo parecido, Nunca se imaginou algo semelhante — Mas é o que Deus tem preparado para aqueles que o amam. Mas vocês o têm visto e ouvido porque Deus, por intermédio do seu Espírito, o revelou a vocês. (1Coríntios 2:9-10, A Mensagem)

10

O sofrimento como escola de treinamento emocional e espiritual

Depois, vieram os seus irmãos, prostraram-se diante dele e disseram: "Aqui estamos. Somos os teus escravos!" José, porém, lhes disse: "Não tenham medo. Estaria eu no lugar de Deus? Vocês planejaram o mal contra mim, mas Deus o planejou para o bem, para que a vida de um numeroso povo fosse salva hoje".
(Gênesis 50:18-20)

Ao longo deste livro, demonstro como o sofrimento pode se tornar uma grande escola de vida e que esse é um padrão recorrente encontrado nas Escrituras. É impressionante como Deus, na História, escolheu o caminho do sofrimento para nos moldar, tendo em vista propósitos maiores que conheceremos no futuro. Muito do que foi dito neste livro até aqui pode ter ajudado você a compreender com maior amplitude os motivos de o sofrimento acontecer. Ainda assim, devemos expandir nossa visão e buscar entender como a Bíblia nos permite enxergar como a dor, com seu princípio, meio e fim, é usada pelo Senhor para nortear a jornada de vida de muitas pessoas.

Nesse contexto, nenhum exemplo bíblico é tão rico em detalhes quanto José do Egito. O desenrolar da vida de José foi tão belo a ponto de ser amplamente explorado até mesmo em filmes de Hollywood. Compreender como Deus pode usar o sofrimento para gerar uma transformação ampla, para além de quem a sente na pele, nos dá uma perspectiva mais clara de como o Senhor governa todas as coisas, o que nos inunda de esperança. A vida e a família de José serão nossa escola, pois, assim como acontece conosco, eles tinham diversos problemas, defeitos, erros e imperfeições.

A narrativa bíblica nos mostra, em Gênesis, que Jacó, pai de José, teve duas esposas, Raquel e Lia, porque foi enganado por Labão, pai das duas. Jacó amava profundamente Raquel e trabalhou sete anos por ela, conforme Gênesis 29:20: "Assim, Jacó trabalhou sete anos por Raquel, mas lhe pareceram poucos dias, pelo tanto que a amava". No entanto, Labão trapaceou Jacó, deu-lhe Lia como esposa e exigiu mais sete anos de trabalho em troca do casamento com Raquel (Gênesis 29:25-28). Embora casado com as duas, as Escrituras deixam claro que Jacó amava mais a Raquel: "Jacó amava Raquel mais do que Lia" (Gênesis 29:30). Essa preferência causou grande dor em Lia, que se sentia rejeitada. Em sua compaixão, Deus abençoou a esposa sofredora com filhos. Raquel, por sua vez, enfrentou um longo período de infertilidade (Gênesis 29:31).

A relação complexa de Jacó, Raquel e Lia ilustra os desafios emocionais das escolhas humanas e a soberania de Deus, que trabalha nessas circunstâncias para cumprir seus propósitos. O Criador usa famílias imperfeitas como a de Jacó — e como a minha e a sua — na sua obra.

Passados muitos anos, José foi o primeiro filho que Raquel deu a Jacó e, sem dúvidas, dos doze, era o mais amado por seu pai: "Israel [Jacó, cujo nome foi trocado por Deus] amava José mais do que a qualquer outro filho, porque lhe havia nascido na sua velhice; por isso, fez para ele uma túnica toda ornamentada." (Gênesis 37:3, grifo acrescentado). Uma observação minuciosa nos revela que, além da competição entre as esposas de Jacó, Raquel e Lia, havia desavenças entre os irmãos, bem como uma aparente ausência paterna de Jacó — percebida nos abusos cometidos por seus filhos e por sua omissão como líder.

Para fazer do já turbulento ambiente familiar um lugar ainda mais complicado, Jacó não escondia o favoritismo por José, filho da mulher que amava. O rapaz ganhava mimos e atenção diferenciada. Essa preferência gerou ciúmes e hostilidade entre os irmãos, culminando na venda de José como escravo para homens de outra nação (Gênesis 37:4-28). A predileção de Jacó, evidenciada pela túnica, pode ter influenciado José a adotar uma postura de arrogância na adolescência. Ao compartilhar sonhos que exaltavam sua superioridade sobre os irmãos, José pode ter demonstrado falta de humildade e sensibilidade (Gênesis 37:5-11).

Sem compreender a dinâmica familiar adequadamente, alguém pode acreditar que José foi vendido apenas por relatar seus sonhos. Entretanto, a situação era muito mais complexa, uma vez que rivalidade, privilégio e favoritismo marcavam a convivência na casa de Jacó. A postura de José de relatar seus sonhos apenas intensificou os conflitos pré-existentes. Como a humildade é um dos maiores indicadores de que estamos prontos para algo grande no reino de Deus, muitas vezes, o sofrimento é o meio usado por Deus para introjetar em nós essa virtude essencial. Podemos observar essa verdade ao contrastar Maria, a mulher escolhida para ser a mãe de Jesus, e José do Egito.

Maria, ao receber a visita do anjo Gabriel, reagiu com humildade e submissão: "Sou serva do Senhor; que aconteça comigo conforme a tua palavra" (Lucas 1:38). Sem alardear seu papel especial, ela guardou essas coisas no coração e meditou sobre elas (Lucas 2:19). José do Egito, por outro lado, ao receber sonhos que indicavam que seus irmãos e pais se curvariam diante dele, compartilhou-os sem considerar as implicações de suas palavras, o que alimentou a raiva dos irmãos e revelou, possivelmente, uma falta de humildade (Gênesis 37:5-11). O contraste entre Maria e José do Egito nos ensina a importância da humildade ao lidar com os planos de Deus. Maria aceitou seu chamado com discrição e graça; José precisou passar por um processo de refinamento — sofrimento e tempo — para aprender as lições necessárias e cumprir sua missão com maturidade.

Psicologicamente falando, o favoritismo pode levar alguém a acreditar que seu valor está atrelado a privilégios e reconhecimento externo, o que torna a pessoa menos preparada para lidar com adversidades ou aceitar críticas. Além disso, com o passar do tempo, desenvolvem a tendência de valorizar menos o que têm ou perdem tudo o que uma família conquistou. Quantos casos já vi nestes anos de prática clínica nos quais filhos superprotegidos pelos pais puseram tudo a perder! Além disso, essas pessoas têm maior risco de se tornarem emocionalmente dependentes da aprovação de figuras de autoridade ou, o oposto, de desenvolver dificuldades para criar laços genuínos baseados na igualdade e no respeito mútuo.

No caso de José, todo sofrimento pelo qual passou — primeiro como escravo, depois como prisioneiro — refinou seu caráter e ensinou-lhe lições de humildade, resiliência e empatia, cruciais para o papel de liderança que ele assumiu no Egito. Este é um ponto muito importante da vida de José: o sofrimento foi a escola que Deus usou para moldar seu caráter e prepará-lo para a vida futura que o Senhor lhe reservava.

José enfrentou uma sequência de sofrimentos intensos e marcantes. Primeiro, ele foi traído e vendido pelos próprios irmãos, movidos por inveja e ressentimento (Gênesis 37:28). A venda para uma caravana de ismaelitas o separou de sua família, de seu pai que o amava profundamente e do conforto de sua vida até então. O jovem, que antes era o filho mimado de Jacó, agora estava a caminho do Egito como escravo, experimentando a dor do abandono e da rejeição.

No Egito, José foi vendido para a casa de Potifar, onde precisou aprender a trabalhar, algo que aparentemente não fazia enquanto seus irmãos trabalhavam arduamente no campo (Gênesis 37:14). José foi moldado como servo, desenvolvendo habilidades práticas e adquirindo a disciplina necessária para administrar os bens de seu senhor (Gênesis 39:4-6).

Talvez você, como José, questione o motivo de estar hoje em um "emprego ruim", por ter de trabalhar na casa de um "Potifar" e lidar com tarefas que parecem aquém da sua expectativa de vida. Talvez você tenha sido abandonado por sua família, ou tenha enfrentado rejeições dolorosas, ou até sofrido uma injustiça que o colocou em uma posição difícil, sentindo-se esquecido por todos, como José se sentiu na prisão. Porém, é essencial que você se lembre que Deus nunca perde o controle de cada situação.

O mesmo Deus que estava com José em cada etapa da jornada está com você agora. As posições intermediárias ou inferiores podem ser apenas um treinamento para moldar seu caráter, refinar suas habilidades e prepará-lo para algo muito maior. O que parece ser um retrocesso ou beco sem saída pode, na verdade, ser plano do Senhor para levá-lo a um propósito superior que ainda não é visível. É importante confiar no processo, pois Deus está trabalhando mesmo quando tudo parece perdido. O período de servidão foi essencial para ensinar José a ter responsabilidade e aprender a servir, características fundamentais para sua trajetória futura.

Apesar de ser um servo fiel, José foi alvo de uma falsa acusação de assédio por parte da esposa de Potifar que, movida pela rejeição, o denunciou injustamente (Gênesis 39:17-18). Como consequência, ele foi lançado na prisão, um lugar de humilhação e sofrimento extremos. José passou cerca de treze anos ali — desde a chegada ao Egito até a libertação —, sendo dois desses anos marcados pelo esquecimento do copeiro-chefe, a quem ele havia ajudado interpretando sonhos (Gênesis 40:23; 41:1). Durante esse período, José experimentou solidão e sensação de injustiça, mas Deus usou esses momentos para moldá-lo emocional e espiritualmente também.

Na prisão, as emoções de José foram lapidadas. Ele aprendeu a lidar com a espera, a frustração e a ter paciência. Deus o refinou, ensinou-lhe humildade, empatia e perseverança: O menino mimado, que antes ostentava sua túnica colorida, estava sendo preparado para liderar com sabedoria, humildade e compaixão. Além de aprender a servir, José foi ensinado a liderar sob pressão, a administrar recursos e agir de tal modo que ganhasse a confiança do carcereiro (Gênesis 39:21-23).

Apesar de todo sofrimento, Deus nunca perdeu o controle da situação. Cada etapa do caminho de José era parte de um plano maior, que somente poderia ser compreendido plenamente mais tarde. O Senhor conduziu José

O SOFRIMENTO COMO ESCOLA DE TREINAMENTO EMOCIONAL E ESPIRITUAL 119

e o moldou para a posição de autoridade que ocuparia como governador do Egito. José reconheceu isso quando disse aos seus irmãos: "Vocês planejaram o mal contra mim, mas Deus o planejou para o bem, para que a vida de um numeroso povo fosse salva hoje" (Gênesis 50:20). O sofrimento de José não foi em vão. Deus usou cada dificuldade para introjetar nele características essenciais, como humildade, resiliência, sabedoria e dependência total do Senhor. Ele aprendeu a servir antes de liderar, a esperar o tempo de Deus e a confiar na soberania divina em meio às circunstâncias mais difíceis. A jornada de José nos ensina que o Senhor pode usar o sofrimento para transformar vidas e preparar pessoas para missões muito maiores do que podemos imaginar.

Além disso, o sofrimento, embora doloroso, pode ser um agente de cura em nossa vida. A jornada de José nos ensina que, muitas vezes, as feridas do passado não desaparecem facilmente e, em momentos inesperados, o passado retorna ao presente, revelando áreas ainda não saradas. Após anos de escravidão, injustiça e sofrimento no Egito, José parecia ter superado os traumas de ser traído e vendido pelos próprios irmãos. Ele deu ao seu primeiro filho o nome de Manassés, dizendo: "Deus me fez esquecer todo o meu sofrimento e toda a casa de meu pai" (Gênesis 41:51). Contudo, o reencontro com os irmãos revelou que as marcas do passado ainda estavam presentes.

Quando seus irmãos chegaram ao Egito para comprar alimentos durante a fome, José os reconheceu no mesmo instante, mas não se revelou a eles de imediato. Em vez disso, tratou-os com certa dureza ao acusá-los de serem espiões (Gênesis 42:7-9). Esse comportamento reflete um coração ainda em processo de cura: a dor da traição não havia sido completamente resolvida. Apesar de sua posição elevada como governador do Egito, José ainda carregava a lembrança das injustiças sofridas. Da mesma maneira, às vezes, acreditamos ter esquecido o passado, mas ele continua a influenciar nossas emoções e ações.

Deus, porém, trabalhava na vida de José e de sua família para haver reconciliação. Durante os encontros subsequentes com os irmãos, José passou por um processo de amadurecimento emocional e espiritual. No início, era áspero com os irmãos, como se testasse a sinceridade deles (Gênesis 42:17-24), mas, com o tempo, José não conseguiu conter a emoção. A maior ruptura emocional aconteceu quando ele finalmente se revelou aos irmãos e chorou tão alto que a notícia chegou na casa de faraó (Gênesis 45:1-2). Nesse instante, José demonstrou ter sido transformado, ofereceu perdão genuíno e reafirmou a soberania de Deus sobre sua vida: "Não se preocupem, nem se culpem pelo que fizeram. Foi Deus quem me enviou adiante de vocês para preservar vidas" (Gênesis 45:5).

Esse processo de reconciliação curou José do trauma da rejeição e restaurou a dinâmica familiar. Seus irmãos, antes movidos por inveja e rivalidade, foram confrontados com graça e perdão, algo possível apenas porque Deus havia moldado o caráter de José por meio do sofrimento. O reencontro e a restauração da família de Jacó demonstram como Deus pode usar as jornadas mais difíceis para trazer cura e renovação tanto individual quanto familiar.

De alguém que, no início, lidava com o passado de maneira defensiva e emocional, José se tornou um instrumento de reconciliação, capaz de ver o propósito maior de Deus em suas lutas. O sofrimento foi o meio pelo qual Deus moldou seu coração, não apenas para governar um império, mas para ser um canal de graça, cura e provisão na própria família. Sofrer nos fere, mas nos transforma e nos cura, pois permite que vivamos reconciliados com Deus, com nosso passado e com aqueles que nos feriram.

Perdoar não é esquecer. A história de José nos ensina essa premissa de modo poderoso: José não apagou da memória o trauma de ser traído e vendido pelos próprios irmãos; a dor e as lembranças estavam lá; no entanto, o perdão o levou a olhar para o passado sob a perspectiva da graça de Deus em cada passo da jornada. Quando finalmente confrontou seus irmãos, José declarou: "Vocês planejaram o mal contra mim, mas Deus o planejou para o bem, para que a vida de um numeroso povo fosse salva hoje" (Gênesis 50:20). Essa declaração mostra que o perdão não é a negação do sofrimento, mas a transformação de como enxergamos a dor.

O perdão nos permite revisitar o passado e perceber que Deus estava presente até nas piores circunstâncias. Ele estava lá e conduzia nossa vida, moldava nosso caráter e cumpria seu propósito.

Não se trata de esquecer o sofrimento, mas de enxergá-lo com os olhos da fé e de reconhecer que, quando tudo parecia desmoronar, Deus estava no controle e governava com soberania. Muitas vezes, apenas compreenderemos essa verdade ao olhar para trás e ver como as experiências mais dolorosas nos levaram a lugares de crescimento, restauração e propósito. Assim como José, podemos confiar que o sofrimento de hoje será, no futuro, revelado como um instrumento pelo qual Deus nos molda e guia para o plano perfeito. Perdoar é, portanto, uma escolha de graça: lembrar do passado e enxergar Deus em cada detalhe, pois ele transforma até o mal em bem como favor para aqueles que o amam.

PRÁTICA 1
RESPONDA COM SINCERIDADE

Existe algo na sua vida que ainda dói: um trauma que parece nunca cicatrizar, uma injustiça sofrida que ainda pesa em seu coração?

_____

_____

_____

_____

_____

Talvez você olhe para determinadas situações e sinta que estão completamente fora do plano do Senhor, que não passam de momentos de caos que parecem ter escapado das mãos divinas. Será, porém, que não é possível que Deus esteja usando essas circunstâncias para conduzir você a algo maior? Escreva sobre isso.

_____

_____

_____

_____

Pense nisto: José, no auge da dor e do abandono, jamais poderia imaginar que, no plano de Deus em longo prazo, seria restaurado e se tornaria grandioso pela obra do Senhor. Se, assim como aconteceu com José, Deus também estiver trabalhando em meio às suas feridas, moldando você para jornadas maiores que ainda estão por vir, o que hoje parece o fim talvez seja, na verdade, o começo de algo grande. Confie que, mesmo na dor, o Senhor está presente e guia cada passo.

Olhar para o passado e enxergar a providência de Deus em meio ao sofrimento é um dos maiores sinais de maturidade espiritual e de paz emocional. Quando conseguimos reconhecer que, mesmo nos momentos mais difíceis, o Senhor estava presente e conduzia cada detalhe, demonstramos que nossa fé foi refinada e nosso coração está reconciliado com a jornada vivida.

Esse entendimento não nega a dor, tampouco apaga as memórias difíceis, mas as coloca sob uma nova luz, a luz da graça e do propósito divino. É nesse momento que paramos de perguntar por que? e começamos a enxergar para quê. Essa visão pacificada é o resultado de um coração submetido ao processo de Deus, reconhecendo que ele é soberano e que cada etapa da caminhada — inclusive as mais dolorosas — foi parte de um plano maior.

Quando conseguimos ver o Senhor nos vales, não apenas nos montes, vivemos a paz de confiar plenamente nele e em sua providência. Este é o verdadeiro amadurecimento espiritual: aceitar que nada foi em vão, pois todas as coisas cooperam para o bem daqueles que amam a Deus (Romanos 8:28).

PRÁTICA 2
10 LIÇÕES DA VIDA DE JOSÉ SOBRE O SOFRIMENTO

1. Deus está no controle até do caos: José foi traído, vendido e injustiçado, mas cada etapa de sua vida fazia parte do plano do Senhor para cumprir um propósito maior. Confie que Deus nunca perde o controle apesar de, às vezes, tudo parecer desmoronar.

2. O sofrimento pode nos moldar: José, que era um adolescente mimado, foi transformado, pelo sofrimento, em um líder sábio, humilde e resiliente. O sofrimento é uma ferramenta de Deus para moldar nosso caráter.

3. Deus pode transformar o mal em bem: o que os irmãos de José fizeram com maldade foi usado por Deus para salvar muitas vidas. O sofrimento nunca é sem propósito nas mãos do Senhor.

4. Perdão gera libertação: José mostrou que perdoar não é esquecer, mas enxergar a graça de Deus no passado. Ele escolheu perdoar e liberar seus irmãos, e a si próprio, para viver o propósito de Deus.

5. O sofrimento nos ensina a servir: na casa de Potifar e na prisão, José aprendeu a servir antes de liderar. O sofrimento muitas vezes nos torna humildes para nos preparar para algo maior.

6. Esperar no tempo de Deus é essencial: José passou anos na prisão à espera da liberdade. Esse período o ensinou a ter paciência e confiança no tempo perfeito do Senhor.

7. O sofrimento revela nossas fraquezas: a dureza inicial de José ao tratar seus irmãos mostrou ainda haver áreas que precisavam ser curadas. O sofrimento nos revela onde Deus ainda precisa trabalhar em nós.

8. Deus está conosco em todas as etapas: A Bíblia enfatiza que o Senhor estava com José, tanto na casa de Potifar quanto na prisão.

O SOFRIMENTO COMO ESCOLA DE TREINAMENTO EMOCIONAL E ESPIRITUAL **123**

Em nenhum momento, José foi abandonado, da mesma maneira que acontece conosco.

9. O sofrimento nos prepara para responsabilidades maiores: A liderança de José no Egito foi resultado de anos de treinamento no enfrentamento de situações difíceis. Deus usa os desafios para nos equipar para grandes missões.

10. A reconciliação é possível pela graça de Deus: A restauração da família de José mostra que Deus pode transformar relações quebradas. O sofrimento não apenas molda indivíduos, mas também pode curar famílias e comunidades.

Essas lições nos servem de lembretes práticos de que o sofrimento não é o fim da história, mas o meio pelo qual Deus trabalha em nós e por meio de nós para cumprir seus propósitos. Qual dessas lições mais fala ao seu coração hoje?

PRÁTICA 3
ORAÇÃO

Senhor amado,
Venho diante de ti hoje inspirado pela história de José do Egito. Peço por tua ajuda e direção em meio às fases difíceis e intermediárias da minha vida. Assim como José enfrentou traição, injustiças e tempos de espera prolongados, eu também sinto, em alguns momentos, que tudo parece dar errado. Ajuda-me, Senhor, a me lembrar que, até mesmo nesses momentos, tu permaneces no controle e governas cada detalhe da minha jornada.

Dá-me paciência para suportar tempos de espera como José teve na prisão. Ensina-me a confiar no teu tempo perfeito ainda que meu coração se inquiete e a ansiedade tente tomar conta. Ajuda-me a ver que essas fases não são o fim, mas um meio pelo qual me moldas e preparas para algo maior.

Senhor, dá-me um coração humilde para aprender nas fases de serviço e dificuldade, como José aprendeu na casa de Potifar e na prisão. Que eu possa reconhecer que cada etapa é parte do teu plano maior apesar de eu não o compreender completamente agora.

Fortalece minha fé para enxergar a tua mão soberana, mesmo nos momentos de maior dor ou incerteza. Lembra-me, Senhor, que tu és capaz de transformar o mal em bem, e que nenhum sofrimento é em vão nas tuas mãos.

Por fim, peço que eu possa olhar para trás, como José fez, e ver tua graça e providência em cada detalhe, para encontrar paz e reconciliação em ti. Sustenta-me, Senhor, e molda-me segundo o teu propósito, para que minha vida glorifique o teu nome.

Em nome de Jesus,

Amém.

11

Psicologia positiva como ajuda durante o sofrimento

Finalmente, irmãos, pensem em tudo o que for verdadeiro, tudo o que for digno de respeito, tudo o que for justo, tudo o que for puro, tudo o que for amável, tudo o que for de boa fama, em tudo o que houver alguma virtude ou algo de louvor. Ponham em prática tudo o que vocês aprenderam, receberam, ouviram e viram em mim; e o Deus da paz estará com vocês.
(Filipenses 4:8-9)

Deem graças em todas as circunstâncias, pois esta é a vontade de Deus para vocês em Cristo Jesus.
(1 Tessalonicenses 5:18)

Ao longo deste livro, abordei respostas cristãs sobre como enfrentar o sofrimento à luz dos ensinos das Escrituras. Na vida cotidiana, porém, em diversos momentos, as conexões com a psicologia e a psiquiatria se mostraram inevitáveis, pois o sofrimento altera nossas emoções e pode nos adoecer, como demonstrado nos relatos bíblicos.

Nestes últimos dois capítulos, abordarei como a psicologia e a psiquiatria podem ajudar pessoas em sofrimento. Obviamente, seria impossível esgotar o assunto, tendo em vista a imensidão de maneiras pelas quais a psicologia vê o sofrimento (algumas delas, inclusive, antagônicas). Proponho, neste capítulo, apenas um dos mecanismos pelos quais a psicologia pode nos ajudar a lidar com o sofrimento mediante suporte técnico, organizado e cientificamente validado para enfrentar a dor e as adversidades. Os princípios abordados são do que chamamos de psicologia positiva.

Sei que, para muitos cristãos, a psicologia positiva pode parecer conflitar com certos valores e princípios do evangelho — e, em alguns aspectos, essa preocupação é legítima. Contudo, veremos que há muito mais pontos de consonância do que de afastamento entre ambas as perspectivas. Não será algo totalmente contraditório, inclusive porque já mostrei ao longo do livro como podemos ter uma resposta honesta frente ao sofrimento com a fé cristã.

Acredito plenamente no caminho já exposto de sermos honestos com nossos sentimentos em meio a dor e ao sofrimento. Da mesma forma, compreendo que o sofrimento pode ser uma experiência muito desafiadora que nos leva ao limite emocional e impacta nossa saúde mental. Todavia, entendo que não podemos cair no extremo de posturas fatalistas. Se, como cristãos, somos chamados a assimilar o sofrimento sob a perspectiva da eternidade, renovação e vivência do reino de Deus hoje, a psicologia, por sua vez, também nos oferece ferramentas úteis e não necessariamente contrárias aos ensinos das Escrituras.

Aproveito também para esclarecer que abordar a psicologia positiva neste capítulo não significa que outras abordagens não sejam igualmente — ou até mais — eficazes. Além disso, não será possível esgotar o assunto psicologia positiva e cristianismo em um único capítulo. Creio que, no futuro, escreverei um livro específico sobre isso. Meu foco, notadamente, será em como a psicologia positiva e o cristianismo trazem respostas importantes para caminharmos em meio à dor e ao sofrimento. Reconheço que existem linhas de psicoterapia mais robustas para quem enfrenta um sofrimento significativo. No entanto, optei por destacar a psicologia positiva pela aplicação prática e pela adequação ao formato deste livro, que busca traduzir o conhecimento em ações concretas para o cotidiano.

Antes de abordar diretamente a contribuição da psicologia positiva, é necessário desconstruir alguns mitos que muitos cristãos ainda carregam em relação a buscar a ajuda de um terapeuta durante o sofrimento. Infelizmente, em algumas vertentes teológicas, a psicologia ainda é vista com preconceito, o que nos impede de aproveitar ferramentas importantes que poderiam nos proporcionar avanços significativos e oferecer suporte valioso em períodos de dor e adversidade.

Ao longo de nossa caminhada, cada aspecto da nossa vida carrega uma perspectiva fenomenológica, ou seja, uma maneira de ver, compreender e dar sentido às coisas. Percebemos e entendemos o mundo ao nosso redor com base em nossa genética, nossas experiências pessoais, história familiar etc. Dessa forma, algumas pessoas nascem em lares com fortes convicções religiosas, enquanto outras só entram em contato com a fé posteriormente ao longo da jornada. Nossa forma de ver a saúde mental é muito influenciada pela maneira

PSICOLOGIA POSITIVA COMO AJUDA DURANTE O SOFRIMENTO

como fomos ensinados ao longo de nossa caminhada, e as comunidades cristãs oferecem uma visão muito preconceituosa da psicologia e da psiquiatria. Em resumo, muitas vezes temos preconceitos porque não compreendemos adequadamente algo ou sequer nos apresentaram seus fundamentos da maneira correta. Isso acontece muito com a psicologia em ambientes cristãos, nos quais a relação entre ciência e fé é frequentemente vista de uma das seguintes maneiras:

1. A ciência e a fé estão em conflito. Não se pode manter uma fé firme e, ao mesmo tempo, ser cientista.
2. A ciência e a fé são completamente independentes e abordam aspectos diferentes da realidade e da vida humana.
3. A ciência e a fé têm semelhanças e podem dialogar entre si, preservando a integridade de ambas.
4. A ciência e a fé são duas realidades independentes, mas têm elementos sobrepostos que se influenciam mutuamente. Esses dois domínios, portanto, devem ser integrados para formar um quadro completo da realidade.

A cultura moderna tende a adotar a visão de conflito e separação. Ainda hoje, mesmo com um elevado número de evidências científicas, muitos acreditam que a espiritualidade faz mal à saúde mental; isso, porém, não é verdade. Por outro lado, quando jovens criados em um ambiente religioso encontram a vida chamada secular e a ciência, muitas vezes são levados a acreditar que precisam abandonar o passado e a fé para abraçar o futuro, em vez de integrar o melhor que cada um deles tem a oferecer.

Acredito que o diálogo e a integração oferecem a melhor base de funcionamento da realidade para viver satisfatoriamente tanto dentro quanto fora da igreja. Logo, a psicologia é nossa aliada, e não nossa inimiga, e por isso veremos a psicologia positiva dentro deste prisma.

A psicologia positiva é um campo de estudo dentro da psicologia que busca compreender e promover os aspectos positivos da experiência humana. Diferente da abordagem tradicional da psicologia, que frequentemente foca em diagnosticar e tratar transtornos mentais ou respostas para suas causas, a psicologia positiva investiga o que faz com que as pessoas prosperem e tenham bem-estar psicológico, explorando temas como felicidade, gratidão, resiliência e significado.

Como dito anteriormente, minha perspectiva aqui não é impor um bem-estar falso, mas tentar buscá-lo por meio de estratégias cientificamente validadas.

Esse movimento foi formalizado pelo psicólogo Martin Seligman, então presidente da Associação Americana de Psicologia, que propôs uma mudança de paradigma em 1998: a psicologia não deveria se preocupar apenas em remediar o sofrimento, mas também em construir as bases para uma vida com mais sentido prático. A psicologia positiva se baseia na ciência empírica para identificar os fatores que contribuem para o bem-estar e desenvolvimento do potencial humano, ou seja, ela foca em dados e hábitos que se mostram robustos para melhorar a qualidade de vida e o bem-estar das pessoas.

É óbvio que há limitações, afinal, a psiquiatria e todas as linhas de pensamento da psicologia também as têm. Entretanto, a psicologia positiva foca em aplicações práticas que, a meu ver, para leigos, trazem perspectivas muito interessantes sobre como viver bem e melhorar nossa saúde mental com medidas simples de serem implantadas e com grande valor científico.

A psicologia positiva é importante porque preenche uma lacuna na compreensão do sofrimento humano. Enquanto abordagens tradicionais ajudam as pessoas a lidar com transtornos como ansiedade e depressão, a psicologia positiva oferece ferramentas para cultivar virtudes, desenvolver resiliência e encontrar significado, mesmo em momentos de adversidade. Além disso, ela fornece uma linguagem e estrutura que ajudam as pessoas a identificar e explorar os aspectos positivos da vida, como relações saudáveis, objetivos mais fáceis de serem alcançados e um senso de pertencimento. Esse enfoque é especialmente útil no contexto do sofrimento, pois permite que as pessoas, além de enfrentar suas dores, também cresçam por intermédio delas. Esse conceito se conecta com minha visão cristã de sofrimento, ainda que haja limitações.

Os avanços na neurociência confirmam que o bem-estar é subjetivo e tem fundamentos biológicos. Pesquisas mostram que, em meio ao sofrimento, práticas como gratidão, meditação, oração e atos de bondade estimulam a atividade em áreas do cérebro associadas ao prazer e à regulação emocional, como o córtex pré-frontal e o sistema de recompensa. Por exemplo, expressar gratidão ativa circuitos neurais que aumentam a dopamina, um neurotransmissor relacionado ao prazer. Da mesma forma, a meditação focada em trazer à memória lembranças positivas e práticas de compaixão pode fortalecer as conexões neurais responsáveis pela empatia, pelo bem-estar e reduzir o estresse.

Essas descobertas reforçam a ideia de que a prática regular de intervenções baseadas na psicologia positiva pode levar a mudanças duradouras no cérebro, promovendo resiliência e bem-estar, mesmo em pessoas que estejam sofrendo muito. Algumas atitudes práticas podem, de fato, trazer grandes benefícios durante o sofrimento e aprenderemos um pouco delas neste capítulo.

O modelo PERMA, proposto por Martin Seligman, é uma estrutura valiosa para ajudar pessoas a lidarem com o sofrimento, pois oferece uma abordagem integrativa de psicologia positiva que vai além do simples alívio da dor. Ele foca nos cinco pilares do bem-estar:

P (*Positive Emotions*): Emoções positivas, como alegria, gratidão e contentamento.
E (*Engagement*): Engajamento em atividades que motivam.
R (*Relationships*): Relacionamentos saudáveis e significativos.
M (*Meaning*): Propósito e significado na vida.
A (*Accomplishment*): Realizações e metas alcançadas.

A ideia é fornecer ferramentas práticas durante dores e adversidades, o que proporciona mais resiliência e propósito. O modelo PERMA oferece uma base rica para enfrentar o sofrimento e, quando integrado à perspectiva bíblica, acredito ser uma ferramenta muito útil para quem sofre. Podemos vivenciar o bem-estar de tal maneira que glorifique a Deus e nos ajude a perseverar nas adversidades.

1 - P (*Positive Emotions*): Emoções positivas

Emoções positivas, como alegria, gratidão e contentamento, não são meios de ignorar o sofrimento, mas formas de nos ajudar a nos lembrar da bondade de Deus e a experimentar a paz que Jesus oferece apesar da dor. Sei que, para muitos, o sofrimento pode roubar a esperança, mas é incrível como muitos pacientes em dor extrema que atendi conseguiam manifestar alegria, gratidão e contentamento mesmo na dor, como prática diária. A ideia é levar as emoções positivas de maneira mais intencional apesar da dor. Vou exemplificar, na prática, com uma grande história de vida.

O psiquiatra Viktor Frankl, em seu livro *Em busca de sentido* , discute como o humor se tornou estratégia de sobrevivência nos quatro anos que ele ficou preso nos campos de concentração nazistas. Era "uma das armas da alma na luta pela autopreservação" e "mais do que qualquer outra coisa na constituição humana, pode proporcionar uma capacidade de se distanciar e superar qualquer situação, mesmo que apenas por alguns segundos".

Frankl também menciona que "a tentativa de desenvolver o senso de humor e ver as coisas sob uma luz humorística é uma espécie de truque aprendido enquanto se domina a arte de viver". Nesse livro, o autor explora a tentação em meio a grandes sofrimentos, o senso de propósito e a tentativa de cultivar o humor diário como ajuda para ganhar energia mental a fim de superar os dias duros de vida.

As reflexões a seguir ilustram como o humor e a busca por atitudes que geram estrutura de pensamento positivas podem ser uma ferramenta poderosa para manter a saúde mental e a dignidade no sofrimento extremo.

- Base bíblica:

> *"Alegrai-vos sempre no Senhor; outra vez digo: alegrai-vos."* (Filipenses 4:4, ARA)

> *"O coração alegre é bom remédio, mas o espírito abatido faz secar os ossos."* (Provérbios 17:22, ARA)

> *"Em tudo dai graças, porque esta é a vontade de Deus em Cristo Jesus para convosco."* (1Tessalonicenses 5:18, ARA)

> *"Todavia, lembro-me também do que pode me dar esperança: Graças ao grande amor do Senhor é que não somos consumidos, pois as suas misericórdias são inesgotáveis. Renovam-se cada manhã; grande é a sua fidelidade! Digo a mim mesmo: 'A minha porção é o Senhor; portanto, nele porei a minha esperança'."* (Lamentações 3:21-24)

Muitas pessoas podem argumentar, plenos de razão, que é impossível ter alegria e bom humor em meio a alguns sofrimentos. É importante frisar que meu propósito não é minimizar a dor. Entretanto, creio que o Senhor é capaz de nos proporcionar essas emoções quando enfrentamos dores profundas.

Lembro-me que, em uma fase específica da vida na qual eu estava tomado por um sofrimento extremo, angustiado e triste, criei o hábito quase diário de praticar corrida e ir a um local deserto perto de casa constantemente visitado para oração. Cristãos pentecostais chamam esses lugares de monte de oração. Durante vários dias, deitado, chorando e triste, fui inundado por uma alegria indizível e imensurável que somente a presença de Deus é capaz de proporcionar. Não se trata de uma situação teórica. É incrível ver como isso acontece na vida de muitos pacientes. A alegria pode ser recebida do céu, o humor pode ser praticado e a gratidão deve ser exercida diariamente, inclusive por quem sofre.

Em outros momentos, eu transformava situações trágicas em roteiros mentais nos quais eu literalmente ria de meus sofrimentos. Era um exercício difícil, mas que agregava grandes benefícios.

- Exemplos práticos:

1. *Diário de gratidão*: durante os dias de sofrimento, escreva diariamente coisas pelas quais você é grato, ainda que simples, como um gesto de carinho, filhos, cônjuge, o local onde você mora e a comida que você tem na mesa hoje.

Quando vivi uma dor emocional terrível, visitei uma amiga com câncer no hospital. Tomada por dores terríveis e por um sofrimento psicológico muito difícil de ser visto, ela precisava de ajuda para coisas básicas do dia a dia, como ir ao banheiro. Eu me recordo de, no elevador, saindo do hospital, orar silenciosamente ao Senhor, grato pela minha saúde, apesar do momento de sofrimento pessoal. De fato, a gratidão nos aproxima da eternidade e pacifica nosso coração. Ser grato durante o sofrimento não é negar nossas dores reais, mas focar também nas bênçãos da vida comum e ter nosso coração tomado por esperança.

2. *Cantar hinos*: quando estiver triste, louve a Deus com cânticos que afirmam suas promessas e reafirmam propósitos que transcendem o terreno. Muitos hinos atuais apenas enfatizam a vitória e a prosperidade, mas encontraremos respostas preciosas com canções que nos mostram quem de fato é o Senhor, nosso Deus.

Em 1871, Horatio Gates Spafford viveu uma crise financeira devido a um incêndio. Poucos dias depois, suas quatro filhas morreram na colisão entre dois navios na travessia do Atlântico. Ao passar pelo local da morte das meninas, ele escreveu uma canção que impactou milhões de cristãos que vivem algum sofrimento:

> Se paz a mais doce me deres gozar
> Se dor a mais forte sofrer
> Oh, seja o que for, tu me fazes saber
> Que feliz com Jesus sempre sou

Sou feliz, com Jesus
Sou feliz, com Jesus
Sou feliz com Jesus, meu Senhor

Embora me assalte o cruel Satanás
E ataque com vis tentações
Oh, certo eu estou, apesar de aflições
Que feliz eu serei com Jesus.

O que você tem cantado? Talvez seja a hora de tirar canções do fundo do baú, resgatar as que trazem segurança em meio à dor e mostram que o sofrimento já foi experimentado por inúmeros servos de Deus ao longo da história. Hinos antigos nos tiram da matrix falsificada que nos quer vender a ideia de negação da dor e de sucesso a todo momento.

3. *Relembrar bençãos recebidas no passado*: liste os momentos em que Deus demonstrou fidelidade a você no passado e medite sobre como ele o faz hoje. Constantemente, durante meus sofrimentos atuais, tento trazer à memória os vales que já enfrentei e Deus me trouxe crescimento, conforto, amor e sobretudo propósito de vida.

Relembrar bênçãos do passado é uma prática amplamente transformadora que une princípios da psicologia positiva e da fé cristã. A psicologia positiva destaca que revisitar memórias positivas ativa o sistema de recompensa do cérebro, especialmente áreas como o córtex pré-frontal e o sistema límbico, responsáveis por emoções e pela regulação do humor. Literalmente, você resgata um *boost* de prazer no cérebro.

Devemos fazer este exercício com mais frequência: contar nosso testemunho para nós mesmos para observarmos o que Deus já fez em nossa vida. Essa prática libera neurotransmissores como dopamina e serotonina, promovendo sensações de bem-estar e esperança. Na fé cristã, lembrar-nos das obras de Deus em nossa vida fortalece nossa confiança em sua fidelidade futura.

Como expressa Lamentações 3:21-24, trazer à memória as misericórdias do Senhor renova nossa esperança, inclusive em tempos de dificuldade. Por exemplo, uma pessoa que enfrenta um momento de desespero pode relembrar como Deus a sustentou em um período anterior de tribulação e, assim, encontrar forças para perseverar no presente. Essa prática nos ajuda a focar não apenas no que Deus fez, mas também no que ele continua a fazer, uma vez que une ciência e espiritualidade para alimentar a resiliência.

2. E (*Engagement*): Engajamento

Envolver-nos em atividades significativas nos ajuda a nos concentrar no presente e a usar os dons que Deus nos deu para glorificá-lo. Além disso, engajamento, no contexto da psicologia positiva, refere-se ao estado de imersão em atividades que absorvem nossa atenção e nos conectam ao momento presente, um fenômeno conhecido como "fluxo".

Quando estamos plenamente envolvidos em algo significativo, como criar, aprender ou ajudar os outros, nosso cérebro experimenta um aumento na atividade em áreas relacionadas ao prazer e à motivação, como o sistema de recompensa e outras áreas do sistema límbico, de modo a reduzir o impacto do estresse e do sofrimento, promovendo o bem-estar.

Na fé cristã, o engajamento ganha uma dimensão ainda maior e mais sublime, pois somos chamados a usar nossos dons para a glória de Deus e benefício do próximo apesar da dor.

Nestes anos de prática clínica, vi algo maravilhoso: os cristãos que mais ajudavam os outros eram pessoas que tinham sofrido ou estavam sofrendo muito. É incrível pensar que muitos, mesmo sofrendo, conseguem promover esperança na vida dos outros. Em uma das fases de dores que vivi, quando meu filho estava hospitalizado, uma das estratégias que usei para passar por aquele momento foi não cortar totalmente meus engajamentos sociais. Obviamente, nos primeiros dias, me dediquei totalmente à rotina hospitalar, mas, à medida que as semanas passavam, me permiti ser útil não somente no consultório, mas ao participar de ministrações espirituais na vida de outras pessoas. Foi um remédio para a minha alma. Em alguns momentos, cheguei a ir chorando para o encontro enquanto dirigia o carro. Orava "Senhor, minha alma está abatida, mas me dê graça para ajudar aquelas pessoas de alguma maneira". Nos dias de dor, vi a graça de Deus ser derramada por meio de minhas ministrações de forma muito poderosa.

Atividades como servir em um ministério, cuidar de parte da criação de Deus na terra (um jardim, por exemplo) ou investir tempo em oração e adoração com outras pessoas nos conecta ao propósito maior de Deus para a nossa vida. Ainda que soframos, podemos praticar o engajamento ao escolher pequenas ações significativas, como ajudar um vizinho ou dedicar tempo a hobbies que promovam a criatividade. Essas práticas aliviam a carga emocional e reforçam a confiança de que Deus opera por meio de nossas ações para trazer consolo e esperança.

Certa vez, durante uma fase difícil da minha vida, um amigo me parou na rua e, ao me ver praticando corrida de rua, disse: "Como você pode ter cabeça para correr vivendo este momento tão complicado?". Respondi: "Exatamente porque estou vivendo esse momento complicado, você vai me ver correndo ainda mais".

Muitas vezes, fases de sofrimento podem ser momentos incríveis para aprendermos coisas novas e exercitarmos hobbies escondidos.

- Base bíblica:

> "*E, tudo quanto fizerdes, fazei-o de todo o coração, como ao Senhor e não aos homens.*" (Colossenses 3:23, ARC)

> "*Agrada-te do Senhor, e ele satisfará os desejos do teu coração.*" (Salmos 37:4, ARA)

> "*Porque somos feitura dele, criados em Cristo Jesus para boas obras [...].*" (Efésios 2:10, ARA)

- Exemplos práticos:

1. *Participação em ministérios*: envolva-se nos ministérios de sua igreja, como coral, um clube de leitura, ministério infantil ou serviço comunitário. Isso promove engajamento e senso de propósito. É incrível como, mesmo em meio a dor, podemos ter alegria servindo aos outros.

2. *Atividades criativas e hobbies*: pinte, escreva, aprenda um novo hobbie, pratique esportes ou coloque em sua rotina algo que desconecte você do sofrimento que constantemente vem à sua alma. Sei que, em algumas situações, o sofrimento toma toda a nossa existência, mas, para a maioria das pessoas, ainda é possível viver algo novo em meio à dor.

3. *Conexão com a natureza*: faça caminhadas em parques ou pratique jardinagem lembrando-se do cuidado de Deus na Criação. Estar conectado à natureza cura. Lembre-se que Deus nos projetou para viver em um jardim. Tente caminhar em meio a natureza em momentos de dor. Tenho muitos sermões e textos que nasceram em meu coração nos momentos de caminhadas no parque em meio à dor e ao sofrimento.

3. R (*Relationships*): Relacionamentos

Relacionamentos significativos são fundamentais para nos apoiar durante tempos de sofrimento e nos lembrar do amor de Deus por meio de seu povo. O pilar dos relacionamentos no modelo da psicologia positiva é essencial para a saúde mental, pois conecta os seres humanos à necessidade de pertencer, ser amado, acolhido e ouvido durante a dor e o sofrimento. Relacionamentos significativos são como uma rede de suporte emocional que oferece conforto e segurança no sofrimento. Se sua dor afasta você de sua comunidade de fé, algo está errado. Você deveria correr para lá, a menos que ela seja a causa do problema.

A neurociência demonstra que interações positivas liberam ocitocina, hormônio que fortalece os laços sociais e reduz os níveis de cortisol, o hormônio do estresse. Isso melhora a resiliência emocional e ajuda as pessoas a lidarem com adversidades de maneira mais equilibrada. No contexto cristão, relacionamentos saudáveis refletem o amor de Deus e o chamado para vivermos em comunhão. A Bíblia nos encoraja a "levar as cargas uns dos outros" (Gálatas 6:2) e mostra como as conexões humanas são instrumentos de Deus para trazer conforto e esperança em tempos difíceis. Cultivar relacionamentos é, portanto, uma maneira de glorificar a Deus e experimentar o cuidado mútuo no corpo de Cristo.

Sei que hoje, em uma cultura tão hedonista e individualista, podem faltar ombros amigos. Contudo, ainda existem muitas pessoas dispostas a caminhar conosco durante a dor e o sofrimento. Uma das grandes dificuldades nos momentos de dor e sofrimento é encontrarmos pessoas dispostas a nos ouvir. Entretanto, vi nestes anos todos que, com insistência e oração, Deus sempre coloca pessoas em nosso caminho que nos ajudam a passar pelo vale do sofrimento com menos dor.

No Jardim do Getsêmani, Jesus nos deu um exemplo poderoso de como enfrentar o sofrimento com autenticidade e comunhão com o próximo. Apesar de ser Deus e saber que ressuscitaria, Cristo não negou a dor que enfrentaria; em vez disso, escolheu vivê-la em plenitude, na presença dos amigos mais próximos. Ele disse aos discípulos: "Minha alma está profundamente triste, numa tristeza mortal; fiquem aqui e vigiem comigo" (Mateus 26:38).

Nessa angústia, Jesus demonstrou que, ainda que fosse pleno de divindade (e também humanidade), ele valorizava o apoio de amigos no sofrimento. Ele não tentou se isolar nem minimizar sua dor, mas compartilhou sua vulnerabilidade ao pedir que os discípulos estivessem com ele. Esse modelo nos ensina que a dor não deve ser negada, tampouco enfrentada sozinha, mas deve ser vivida em comunidade, com pessoas que nos amam, de tal maneira que reflita a graça de Deus nesses relacionamentos.

Se você está lendo este livro sobre o sofrimento e não tem com quem desabafar sobre suas dores, peça a Deus que coloque em seu caminho alguém disposto a ouvi-lo.

- Base bíblica:

> *"Levai as cargas uns dos outros e, assim, cumprireis a lei de Cristo."* (Gálatas 6:2, ARA)

> *"O amigo ama em todos os momentos; mas na adversidade nasce um irmão."* (Provérbios 17:17)

> *"Como o ferro afia o ferro, assim o homem afia o seu companheiro."* (Provérbios 27:17)

- Exemplos práticos:

1. *Participação em grupos pequenos*: junte-se a um pequeno grupo da sua igreja para compartilhar experiências e buscar ajuda em oração.

2. *Reatar relacionamentos*: identifique uma amizade ou relação familiar que precisa de reconciliação e tome a iniciativa de restaurá-la. Libere perdão para os possíveis causadores do seu sofrimento. Ore a Deus pedindo por novas amizades.

3. *Apoiar o próximo*: ofereça ajuda prática a alguém, ainda que você mesmo esteja sofrendo, como cozinhar para alguém em necessidade ou cuidar de uma criança. Fortaleça laços enquanto serve ao próximo.

4. M (*Meaning*): Significado

Como afirmei, encontrar propósito no sofrimento é essencial para a compreensão cristã da dor. A Bíblia nos ensina que Deus usa todas as circunstâncias para moldar nosso caráter e cumprir seu plano eterno.

O quarto pilar do modelo PERMA ressalta que encontrar propósito na vida é fundamental para superar os sofrimentos. A psicologia positiva e as neurociências mostram que viver com senso de significado ativa áreas do cérebro associadas ao bem-estar, como o córtex pré-frontal, sistema de recompensa, e é um potente catalisador que o cérebro usa para nos fazer ter propósitos de longo prazo.

Essas áreas estão ligadas à capacidade de resiliência e nos permitem enfrentar desafios com maior equilíbrio emocional. Estudos demonstram que pessoas que encontram significado em suas experiências, mesmo nas mais dolorosas, apresentam menores níveis de ansiedade e depressão. Essa ideia se conecta em muitos aspectos com a visão cristã expressa em Romanos 8:28: "Sabemos que todas as coisas cooperam para o bem daqueles que amam a Deus". Ainda que não entendamos plenamente os caminhos de Deus, a certeza de que o Senhor tem um propósito para cada situação nos dá força para perseverar.

Resgatar propósitos, como servir o próximo, honrar a Deus e aprender com a dor, nos ajuda a enxergar o sofrimento como parte de um plano maior. Assim, o significado nos lembra que o valor da vida transcende o que vivemos aqui e agora, e oferece esperança nas maiores adversidades.

- Base bíblica:

> "Sabemos que todas as coisas cooperam para o bem daqueles que amam a Deus, daqueles que são chamados segundo o seu propósito." (Romanos 8:28, ARA)
> "Sei que podes fazer todas as coisas; nenhum dos teus planos pode ser frustrado." (Jó 42:2)
>
> "Assim, quer vocês comam, quer bebam, quer façam qualquer outra coisa, façam tudo para a glória de Deus." (1Coríntios 10:31)

- Exemplos práticos:

1. *Testemunhar no sofrimento*: compartilhe como Deus tem sustentado sua vida em meio à dor para encorajar quem enfrenta desafios semelhantes. Na virada do ano de 2023 para 2024, tomei a importante decisão de falar mais de minhas dores e angústias nos púlpitos. Isso foi terapêutico para muitas pessoas e me fez perceber que meu sofrimento tinha um propósito maior do que eu imaginava.

Muitas convenções e congressos dos quais participei pareciam ser espaços de alegria e bem-estar que não falavam das dores reais das pessoas.

Então, em muitas viagens, fiz questão de pregar sobre as dores e as angústias da alma. Para minha surpresa, recebi centenas de testemunhos de pessoas que se sentiram encorajadas a contar suas histórias de dores para outras pessoas, mesmo que as que não tiveram um desfecho positivo aos olhos humanos.

2. *Escrever sobre a jornada*: escreva sobre sua experiência e como encontrou sentido no sofrimento. Pode ser em um diário ou no bloco de notas do celular. A prática da escrita terapêutica pode ser uma ferramenta poderosa para lidar com o sofrimento.

Colocar os pensamentos e sentimentos no papel ajuda a organizar as emoções, processar experiências dolorosas e aliviar o peso mental de carregar tudo internamente. Estudos em neurociência mostram que a escrita ativa áreas do cérebro responsáveis pela autorreflexão e regulação emocional, como o córtex pré-frontal, o que promove clareza e calma. Escrever é uma ferramenta simples de cura.

Além disso, escrever permite externalizar a dor, de tal maneira a criar um espaço seguro para explorar medos, angústias e até a gratidão sem o medo de julgamento. Na construção da fé, a escrita também pode se tornar um ato de oração e entrega, como Davi demonstrou nos salmos ao derramar sua alma diante de Deus. Registrar pensamentos em meio ao sofrimento não apenas alivia a carga emocional, mas também cria um registro de como Deus tem sustentado a vida ao longo da jornada com consolo e esperança.

3. *Apoiar causas*: dedique-se a apoiar causas relacionadas ao seu sofrimento, como ser voluntário em grupos de apoio ou organizações. Veja este testemunho impactante.

Maria era mãe de um menino autista e, durante anos, enfrentou o sofrimento de se sentir sozinha e sem apoio para lidar com os desafios do diagnóstico de seu filho. Havia noites em que ela chorava de exaustão e se perguntava por que Deus permitira que ela passasse por tamanha luta. No entanto, ao encontrar consolo na Palavra de Deus e perceber que sua dor poderia ser usada para ajudar outros, Maria decidiu transformar sua experiência em uma causa.

Ela começou um pequeno grupo em sua igreja para apoiar outras mães de crianças com autismo. Dessa maneira, criou um espaço no qual elas podem compartilhar suas histórias, orar juntas e trocar conselhos práticos.

O grupo cresceu rapidamente, e Maria viu seu sofrimento dar frutos ao consolar outras mulheres que enfrentavam desafios semelhantes. A cada encontro, ela testemunhava a verdade de 2Coríntios 1:4: "É ele quem nos consola em toda a nossa tribulação, para que, pela consolação que nós mesmos recebemos de Deus, possamos consolar os que estão passando por tribulações". Assim, além de encontrar significado para sua dor, Maria também ajudou a transformar a vida de muitas outras famílias da comunidade.

5. A (*Accomplishment*): Realizações

O pilar das realizações no modelo PERMA não trata apenas de grandes conquistas, mas do valor de pequenos progressos e da sensação de avanço, apesar da dor e do sofrimento. As realizações ajudam a restaurar um senso de significado, particularmente quando as circunstâncias externas parecem esmagadoras. Reforçam nossa identidade e quem somos em Deus, lembrando-nos de que, mesmo em tempos difíceis, ainda podemos agir, aprender e crescer. É um chamado a não deixarmos o sofrimento nos paralisar, mas sonhar e realizar propósitos em meio à dor.

É possível fazer isso seguindo algumas premissas. Em primeiro lugar, precisamos estabelecer metas pequenas quando estamos na dor. No sofrimento, grandes objetivos podem parecer inalcançáveis; por isso, começar com metas simples e diárias, como organizar um espaço em casa, ler um livro pequeno, cozinhar, concluir uma tarefa menor no trabalho, é fundamental. As pequenas vitórias geram sensação de alegria e progresso, e combatem a sensação de estagnação que muitas vezes acompanha a dor. Estimulo meus pacientes em grande dor a ocupar um tempo maior com tarefas simples para dar valor a elas.

Outro ponto importante é celebrar os progressos. As realizações, por menores que sejam, são essenciais, uma vez que reforçam a ideia de que o esforço vale a pena, e ajudam a construir um ciclo de motivação. Por exemplo, concluir um dia difícil com oração ou reflexões sobre o que foi possível realizar pode fortalecer a fé e esperança. Eu me lembro de uma paciente no fim do ciclo de quimioterapia que se alegrava muito em voltar a fazer caminhadas em volta de seu quarteirão.

Do ponto de vista neurocientífico, alcançar metas ativa o sistema de recompensa do cérebro e libera dopamina, o neurotransmissor associado ao prazer e à motivação, o que cria um ciclo positivo no qual cada pequeno avanço motiva a busca por novas realizações. Essa dinâmica é particularmente importante em tempos de sofrimento, quando a inércia emocional e física pode ser um grande obstáculo. Realizações oferecem uma "faísca" que ajuda a pessoa a continuar avançando, apesar da dor. Enfim, é muito importante tentar fazer algo prático, ainda que pareça simples, que nos tire da imensidão de pensamentos negativos.

Não podemos nos esquecer de que a fé nos chama à perspectiva de que as realizações têm um significado eterno quando feitas para a glória de Deus. Todo trabalho, inclusive as tarefas mais simples, pode ser um ato de adoração e serviço ao Senhor. Como Paulo escreve em Colossenses 3:23: "E, tudo quanto fizerdes, fazei-o de todo o coração, como ao Senhor, e não aos homens" (ARC). Essa visão ressignifica nossas ações, transformando-as de meros esforços humanos em oportunidades para glorificar a Deus.

Além disso, o verdadeiro sucesso não está em nossos esforços, mas na graça capacitadora de Deus. Até mesmo nossas realizações no sofrimento são fruto do Espírito Santo, que opera em nós, como Paulo declara em Filipenses 4:13: "Tudo posso naquele que me fortalece". Assim, celebrar nossas conquistas é também uma forma de reconhecer a bondade e fidelidade de Deus.

Às vezes, damos muita ênfase a ministérios reconhecidos como extraordinários e idolatramos pastores que parecem ser celebridades de autoajuda. Reflito muito, porém, sobre como Deus se alegra e vê extrema fé em pessoas comuns que, apesar da dor, conseguem fazer algo pequeno que traga significado espiritual a sua vida e a de outras pessoas durante o sofrimento.

- Base bíblica:

> *"Combati o bom combate, completei a carreira, guardei a fé."* *(2Timóteo 4:7, ARA)*

> *"Confia no Senhor de todo o teu coração e não te estribes no teu próprio entendimento." (Provérbios 3:5, ARA)*

> *"Aqueles que semeiam com lágrimas colherão com cânticos de alegria." (Salmos 126:5)*

- Exemplos práticos:

1. *Cuidar de si mesmo*: para uma pessoa em sofrimento, o simples ato de se levantar e cumprir pequenas rotinas diárias, como se alimentar ou caminhar ao ar livre, pode ser uma realização significativa.

2. *Servir ao próximo*: dedicar-se a ajudar alguém em necessidade, mesmo em meio à própria dor, é uma maneira poderosa de transformar o sofrimento em propósito.

3. *Aprofundar a comunhão com Deus*: persistir na oração, no estudo bíblico ou na participação em um culto em meio ao sofrimento fortalece a fé e a confiança no Senhor. Uma reunião pode parecer tediosa no início, mas pode se tornar uma oportunidade de ter sua fé praticada em comunhão com outros irmãos. Reconhecer cada passo dado como sustento entregue pela graça de Deus nos encoraja a perseverar, pois nosso trabalho no Senhor nunca é em vão (1Coríntios 15:58). Assim, as realizações se tornam um testemunho da força de Deus que opera em nossa fraqueza.

Com a perspectiva bíblica e a psicologia positiva, o modelo PERMA oferece mais do que estratégias psicológicas, pois aponta para a obra de Deus em nossa vida, inclusive no sofrimento. Cada pilar é sustentado por verdades bíblicas e pode ser aplicado de maneira prática, nos ajudando a enfrentar adversidades com esperança e confiança na soberania de Deus. Esses exemplos práticos podem ajudá-lo na jornada da dor, pois é possível encontrar um propósito maior que glorifica a Deus e edifica a sua fé.

PRÁTICA 1
REFLITA SOBRE O PERMA POR MEIO DA ESCRITA TERAPÊUTICA

Como afirmei, creio que a escrita é uma atividade que nos traz cura, clareza e discernimento. Proponho, então, exercícios práticos de escrita terapêutica baseados no modelo PERMA, para ajudar você a aplicar cada pilar e a integrar o modelo ao seu dia a dia:

1. Emoções positivas (*Positive Emotions*): Diário de gratidão

- *Ideia básica*: Identificar momentos de alegria, gratidão e contentamento, inclusive nas pequenas coisas.
- *O que fazer*: Escreva três coisas pelas quais você é grato hoje, tanto simples quanto complexas — como o calor do sol pela manhã, um gesto de carinho de alguém ou a força para enfrentar um dia difícil. Após anotar cada item, reflita sobre como Deus está presente nessas situações, cuidando de você. Finalize com uma breve oração de gratidão.

2. Engajamento (*Engagement*): Identifique atividades que absorvem

- *Ideia básica:* Explorar atividades que proporcionem concentração e alívio do estresse.
- *O que fazer:* Liste três atividades que você gostava de fazer antes do sofrimento que está enfrentando. Escolha uma delas e descreva como você pode incorporá-la à sua rotina por, ao menos, dez minutos. Durante a prática, registre como se sentiu e como isso contribuiu para aliviar sua mente e se conectar ao presente.

3. Relacionamentos (*Relationships*): Cartas de conexão

- *Ideia básica:* Fortalecer relacionamentos e expressar amor e gratidão.
- *O que fazer:* Escreva uma carta para alguém importante para você. Agradeça por algo específico que essa pessoa fez ou por estar presente na sua vida. Se possível, entregue essa carta para a pessoa. Depois, reflita sobre como esse gesto impactou seu relacionamento e o alívio emocional que ele trouxe. Caso não seja possível escrever para alguém, escreva uma oração a Deus pedindo por aqueles que têm estado ao seu lado.

4. Significado (*Meaning*): Encontre propósito

- *Ideia básica:* Refletir sobre o propósito do sofrimento e alinhar-se ao plano de Deus.
- *O que fazer:* Responda à seguinte pergunta: "O que Deus pode estar me ensinando ou realizando por meio deste sofrimento?" Escreva sobre como sua experiência pode ser usada para seu crescimento espiritual ou para ajudar outras pessoas. Anote uma pequena ação que você pode realizar para alinhar seu sofrimento a um propósito maior, como servir, testemunhar ou orar por outros.

5. Realizações (*Accomplishment*): Diário de pequenas vitórias

- *Ideia básica:* Celebrar progressos e reconhecer a força de Deus em cada passo.
- *O que fazer:* No final do dia, escreva sobre algo que você conseguiu realizar, por menor que pareça. Pode ser levantar-se da cama, concluir uma tarefa ou até mesmo preparar uma refeição. Depois, reflita sobre como essa pequena vitória foi possível com a ajuda de Deus. Escreva também um objetivo simples para o dia seguinte e como você pode celebrá-lo ao realizá-lo.

Exercício final: Escreva o seu testemunho

- *Ideia básica:* Conectar todos os pilares do PERMA em uma reflexão profunda sobre sua história de vida.
- *O que fazer:* Reserve um tempo para escrever sobre como você tem experimentado emoções positivas, engajamento, relacionamentos, significado e realizações durante o sofrimento. Pegue um bloco de anotações ou algumas folhas e use as perguntas a seguir para guiar sua escrita:

  » Que bênçãos posso identificar hoje?
  » O que me ajuda a estar presente e engajado no agora?
  » Quem tem sido apoio para mim e como posso retribuir?
  » Como Deus tem usado o momento difícil para revelar seu propósito em minha vida?
  » Quais pequenas vitórias alcançadas mostram sua força em mim?

PRÁTICA 2
FAÇA ESTA ORAÇÃO DE ENTREGA DAS REFLEXÕES A DEUS E PEÇA A GRAÇA DELE PARA AVANÇAR

Senhor Deus todo-poderoso,

Venho à tua presença, reconhecendo que todas as coisas estão sob o teu controle e que a minha vida está nas tuas mãos. Obrigado porque, mesmo no sofrimento, posso encontrar refúgio e direção em ti.

Ajuda-me, Pai, a enxergar tuas bênçãos em minha vida, inclusive nos momentos mais difíceis. Ensina-me a cultivar a gratidão, a encontrar alegria nas pequenas coisas e a experimentar a paz que excede todo entendimento.

Que as tuas misericórdias, que se renovam a cada manhã, sejam um lembrete constante do teu amor por mim.

Dá-me, Senhor, foco e coração para me engajar nas tarefas que estão diante de mim. Mostra-me como usar os dons que me deste, apesar da dor, para glorificar o teu nome. Que eu encontre contentamento ao fazer o meu melhor como um ato de adoração a ti.

Pai, obrigado pelas pessoas que colocaste em minha vida. Ajuda-me a valorizar os relacionamentos que edificam, a perdoar com graça e a ser canal do teu amor na vida dos outros. Que, por meio dessas conexões, eu veja a tua mão me sustentar.

Senhor, dá-me olhos para ver o propósito em todas as coisas, ainda que eu não compreenda teus planos. Ajuda-me a confiar que tudo coopera para o meu bem e para a tua glória. Que meu sofrimento seja transformado em testemunho da tua fidelidade, e que eu viva para exaltar teu nome em tudo o que faço.

Pai, fortalece-me para alcançar pequenas realizações a cada dia. Que cada passo dado, por menor que seja, seja um reflexo da tua força em mim. Ensina-me a celebrar os momentos de progresso e a depender de ti para tudo o que ainda está por vir.

Entrego a ti, Senhor, meu coração, minha mente e minha vida. Que o teu Espírito Santo opere em mim, renove a minha fé, traga paz ao meu coração e guie-me no caminho que glorifica teu nome. Em Jesus Cristo, minha esperança e meu Redentor, eu oro. Amém.

CONSIDERAÇÕES FINAIS

Cegueiras religiosas e psiquiátricas ao longo da jornada de sofrimento

Definitivo

Definitivo, como tudo o que é simples.
Nossa dor não advém das coisas vividas,
mas das coisas que foram sonhadas e não se cumpriram.

Sofremos por quê?
Porque automaticamente esquecemos o que foi desfrutado
e passamos a sofrer pelas nossas projeções irrealizadas,
por todas as cidades que gostaríamos de ter conhecido ao lado do nosso amor
e não conhecemos,
por todos os filhos que gostaríamos de ter tido junto e não tivemos,
por todos os shows e livros e silêncios que gostaríamos de ter compartilhado,
e não compartilhamos.
Por todos os beijos cancelados, pela eternidade.

Sofremos não porque nosso trabalho é desgastante e paga pouco,
mas por todas as horas livres que deixamos de ter para ir ao cinema, para
conversar com um amigo, para nadar, para namorar.

Sofremos não porque nossa mãe é impaciente conosco,
mas por todos os momentos em que poderíamos estar confidenciando a
ela nossas mais profundas angústias se ela estivesse interessada em nos
compreender.

Sofremos não porque nosso time perdeu, mas pela euforia sufocada.
Sofremos não porque envelhecemos,
mas porque o futuro está sendo confiscado de nós, impedindo assim que mil
aventuras nos aconteçam, todas aquelas com as quais sonhamos e nunca
chegamos a experimentar.

Por que sofremos tanto por amor?
O certo seria a gente não sofrer, apenas agradecer por termos conhecido uma
pessoa tão bacana, que gerou em nós um sentimento intenso e que nos fez
companhia por um tempo razoável, um tempo feliz.

Como aliviar a dor do que não foi vivido? A resposta é simples como um verso:

Se iludindo menos e vivendo mais!!!
A cada dia que vivo, mais me convenço de que o desperdício da vida está no
amor que não damos, nas forças que não usamos, na prudência egoísta que
nada arrisca, e que, esquivando-se do sofrimento, perdemos também a feli-
cidade.

A dor é inevitável.
O sofrimento é opcional...

(Carlos Drummond de Andrade)

A idolatria do bem-estar e a excessiva psicologização da fé de quem está em sofrimento

Este livro nasceu com a intenção de abordar as dores que o cristão enfrenta principalmente enquanto vive nesta época marcada pela busca incessante da felicidade e do bem-estar. A todo instante, somos bombardeados por mensagens que reforçam a ideia de que o desconforto deve ser evitado a qualquer custo. A dor, antes vista como parte inerente à vida, é percebida como um desvio de rota que precisa ser sempre corrigido, uma vez que eliminamos o espaço para a reflexão e nos esquecemos do aprendizado que a dor pode nos proporcionar.

Essa busca constante por positividade criou uma cultura que marginaliza o sofrimento e promove uma visão simplificada da experiência humana ao reduzi-la a momentos de prazer imediato. Atualmente, idolatramos o desempenho e a produtividade, pois incentivamos as pessoas a esconder suas fraquezas para atender a um ideal d e perfeição inalcançável. O sofrimento, nesse contexto, é visto como obstáculo ao progresso pessoal e profissional, não como oportunidade para o crescimento ou a resiliência. Essa abordagem contribui para um ambiente em que a vulnerabilidade e a fraqueza são tratadas como falha, não como característica intrínseca à vida humana. "Sofrer" tornou-se um verbo a ser abolido do vocabulário.

Há um evidente paradoxo. Os livros de autoajuda que prometem felicidade, bem-estar e realização pessoal dominam as listas dos mais vendidos, mas os índices de depressão, ansiedade e os diagnósticos psiquiátricos continuam a crescer exponencialmente. Essa constatação nos leva ao questionamento: com tanto conhecimento, as pessoas não deveriam estar mais felizes?

Essa contradição reflete um desequilíbrio profundo: enquanto buscamos soluções rápidas e fórmulas prontas para alcançarmos a plenitude e ficarmos livres da dor, ignoramos a complexidade da experiência humana e a inevitabilidade do sofrimento. A promessa de felicidade e prazer constantes não só é irrealista, mas também cria uma pressão adicional sobre as pessoas que as leva a se sentirem inadequadas ou frustradas quando falham em alcançar tal meta.

Em vez de oferecer respostas autênticas, essa cultura frequentemente reforça o sentimento de insuficiência e impotência, uma vez que intensifica o vazio interior que pretende preencher. Sem perceber, nós nos tornamos nossos maiores algozes. A obsessão pela felicidade e pela ausência de sofrimentos se transforma em um ciclo de frustração, no qual o remédio proposto frequentemente agrava o problema que busca resolver.

Quando o sofrimento é considerado algo a ser eliminado a qualquer custo, cria-se um fardo emocional insustentável. Nesse contexto, a dor deixa de ser uma experiência natural da vida para se tornar uma falha pessoal ou, como eu disse anteriormente, falta de fé. A mensagem implícita é clara: você somente sofre porque não tentou o suficiente, não foi resiliente o bastante ou simplesmente não seguiu as inúmeras fórmulas que prometem levar à felicidade. No caso do cristão, acrescenta-se a essa lista a fé insuficiente.

Fora das comunidades de fé, o bem-estar e a felicidade são frequentemente apresentados como uma questão de escolha pessoal, uma habilidade aprimorada por meio do uso adequado de ferramentas, estratégias, códigos e mentalidade positiva. A responsabilidade pelo sofrimento é atribuída a pessoa em dor; se ela não está feliz, falhou nas tentativas, no pensamento positivo ou ao seguir as práticas recomendadas. Em resumo, quem sofre é fracassado.

Curiosamente, no ambiente cristão o fenômeno se repete em um paralelismo assustador e encontramos uma dinâmica semelhante, mas com uma roupagem espiritual: a tristeza e a infelicidade são vistas como sinais de falta de fé, de não ter orado o suficiente, de não confiar plenamente em Deus ou de não ter aplicado corretamente as "ferramentas espirituais" vendidas por algum coach ou "guru" de autoajuda.

Enfim, nossa espiritualidade está mais refém da cultura secular anticristã do que percebemos. Tanto uma como outra se negam a permitir que o sofrimento tenha espaço, tratam-no como uma aberração e o simplificam de maneira perigosa. Em vez de acolher a dor como parte da jornada humana e da vida com Deus, a fé mais comum na atualidade muitas vezes se reduz a mantras de autoajuda mascarados com versículos bíblicos. Declarações como "basta declarar a vitória" ou "faça um ato profético e tudo mudará" soam como versões evangélicas de clichês de autoajuda que ignoram a profundidade da dor humana. As ricas narrativas bíblicas, por sua vez, reconhecem o sofrimento como elemento central da vida de fé. Se você não se identificou com as dores de Jó, Elias e Jeremias talvez não tenha compreendido adequadamente este livro.

A visão superficial do que nos abala minimiza a complexidade do sofrimento, e impõe culpa espiritual aos que sofrem, uma vez que sugere a dor como resultado de uma falha na vida devocional ou espiritual. Em muitos casos, a fé se torna, então, uma caricatura de si mesma, mais preocupada em oferecer soluções rápidas do que em apontar para a completa dependência de Deus, a entrega ao consolo do Senhor em meio à dor e a sujeição da esperança que transcende circunstâncias imediatas.

Em muitos contextos, a fé tem sido reduzida a uma promessa de realização para o aqui e o agora. Em vez de apontar para a transcendência, para a eternidade e para o que há de vir, ela se fixa no imediato, nas necessidades terrenas, no alívio das dores presentes e na satisfação pessoal. A cruz, símbolo máximo de renúncia e sofrimento por meio de Cristo, conforme vimos anteriormente, muitas vezes fica escondida atrás de mensagens que pregam prosperidade, conforto emocional e uma vida livre de adversidades. A esperança eterna dá lugar a um evangelho diluído, centrado no bem-estar terreno que prende o cristão às circunstâncias visíveis, afastando-o da perspectiva do reino de Deus e da glória futura. O apocalipse passa a ser assustador quando deveria fluir esperança.

Essa distorção não se limita à mensagem ensinada; na verdade, permeia a forma como a fé é vivida e celebrada. Podemos observar um processo de psicologização das pregações e do culto público, no qual as reuniões são moldadas para proporcionar bem-estar emocional e alívio momentâneo.

Sermões se assemelham a palestras motivacionais, com ênfase crescente em autoajuda, autoestima e autossuperação. Em vez de confrontar o pecador com a necessidade de arrependimento, falar sobre o sofrimento, dialogar sobre a inevitabilidade da dor e apontar para a suficiência de Cristo, muitas pregações apenas levam conforto e bem-estar, reforçando a ideia de que o objetivo último da fé é conduzir à paz interior e à ausência de sofrimento.

A liturgia cristã, outrora centrada na adoração a Deus e na reflexão sobre o sacrifício de Cristo, tem sido transformada em um espetáculo que busca atender às demandas emocionais dos fiéis. Hinos de louvor carregados de verdades bíblicas duras, e às vezes indigestas, deram lugar a músicas genéricas, que exaltam mais os sentimentos humanos do que a majestade do Criador. A estrutura dos cultos é frequentemente organizada para entreter e tem foco na experiência individual, em vez de convidar para um encontro reverente e racional com Cristo.

Eventos, conferências, congressos e imersões prometem uma evangelho de resultados movidos pela experiência impactante de ter a fé tocada nas emoções, mas sem o grande embate que leva a, no longo prazo, termos uma fé verdadeira.

Os cultos tornaram-se, em muitos casos, espaços de consumo espiritual, pois oferecem alívio e conforto momentâneos, como se fossem remédios para o sofrimento. Essa abordagem fomenta a busca contínua por paz interior e estabilidade emocional sem confrontar o público com a profundidade e os desafios do verdadeiro cristianismo. A fé deixa de ser uma jornada de discipulado, marcada por renúncia, serviço e esperança na eternidade, para se tornar um produto que promete resolver problemas e gerar satisfação imediata.

Essa transformação representa uma ruptura com o chamado bíblico de carregar a cruz, negar a si mesmo e viver à luz da eternidade. Quando a igreja se molda à cultura do consumo e do bem-estar, perde o poder de confrontar, consolar e transformar. Em essência, o cristianismo não é um convite para a felicidade terrena, mas para uma vida de comunhão com Deus, na qual a paz transcende as circunstâncias, e a verdadeira alegria é encontrada na fidelidade ao Senhor, apesar do sofrimento.

Esse tipo de abordagem negligencia o convite das Escrituras para uma caminhada pelo vale da sombra da morte, confiante na presença do Senhor, ao reconhecer que o sofrimento, embora difícil, possa ter propósito redentor, eterno e, sobretudo, transformador.

Reforço que essa lógica pode trazer dupla frustração ao cristão, pois acrescenta pressão emocional intensa, levando as pessoas a se sentirem

CEGUEIRAS RELIGIOSAS E PSIQUIÁTRICAS AO LONGO DA JORNADA DE SOFRIMENTO   **151**

ainda mais frustradas e inadequadas, uma vez que não há espaço legítimo para a dor, a vulnerabilidade ou a negatividade. Dentro e fora da igreja, quem sofre se torna um estranho no ninho e passa a ter medo de compartilhar suas vulnerabilidades. O resultado é uma sociedade e comunidade de fé nas quais, ironicamente, a busca pela felicidade gera ainda mais tristeza, já que transforma o sofrimento em um tabu e impede o acolhimento necessário para lidar com as adversidades da vida.

Faltam conexões verdadeiras

Todo o cenário descrito anteriormente reflete uma profunda transformação nas relações humanas e na identidade individual. Conexões, que antes eram íntimas e significativas, tornaram-se superficiais e descartáveis, condicionadas pela lógica do consumo e da conveniência. A felicidade transformou-se em um produto a ser adquirido; e o sofrimento, em um fardo que deve ser escondido ou rapidamente resolvido, ainda que, para tanto, seja necessário recorrer a soluções rápidas e paliativas. A superficialidade emocional que surgiu dessa condição contribui para uma crescente sensação de isolamento e vazio, apesar de vivermos em uma sociedade que parece estar constantemente conectada.

Desaprender a lidar com o sofrimento é consequência direta da obsessão pela positividade. A capacidade de lidar com a dor, aceitar as limitações da vida e encontrar significado nas adversidades tem sido gradualmente substituída pela tentativa de eliminar qualquer sinal de desconforto. Essa mudança cultural fragiliza as pessoas diante dos desafios inevitáveis da vida e as priva de se aprofundar e colher sabedoria da experiência do sofrimento.

Quanto mais buscamos eliminar o sofrimento, mais vulneráveis a ele nos tornamos e a tentativa de evitar a dor a todo custo nos impede de desenvolver a resiliência necessária para enfrentá-la. O resultado é uma sociedade cujos indivíduos estão cercados por mensagens de positividade, mas frequentemente se sentem perdidos e incapazes de lidar com os aspectos mais difíceis do existir, o que reflete em como vivemos a fé coletivamente.

As comunidades de fé contemporâneas, cada vez maiores e mais instagramáveis, parecem, à primeira vista, o retrato ideal de comunhão e pertencimento. Cultos frequentados por multidões têm aparência de ambientes marcados por entusiasmo contagiante. A experiência coletiva é frequentemente descrita como transformadora, épica ou impactante. No entanto, sob essa superfície de euforia e aparente unidade, muitos cristãos vivem em isolamento silencioso. Apesar de cercados por pessoas, a maioria não tem amigos verdadeiros, tampouco confidentes com quem possam compartilhar suas lutas mais profundas. As comunidades, embora lotadas, frequentemente não proporcionam a intimidade necessária para a verdadeira comunhão cristã, na qual os fardos são mutuamente carregados.

A desconexão é agravada pela ilusão de proximidade que as redes sociais criam ao prometer conexão, mas entregar relacionamentos superficiais. As mesmas pessoas que participam de cultos lotados e compartilham frases de esperança e vitória em seus perfis virtuais muitas vezes enfrentam suas dores mais profundas em completo silêncio, porque não há espaço para a vulnerabilidade autêntica. A dor é ocultada; o sorriso e a positividade são exibidos publicamente, de tal modo que reforçam o ciclo de isolamento.

Essa dinâmica reflete o paradoxo da sociedade hiperconectada e aprofunda a incapacidade geral de lidar com a dor. Sem um espaço seguro para compartilhar suas lutas, as pessoas se tornam ainda mais vulneráveis à solidão e à desesperança. Como o sofrimento é visto como um sinal de fraqueza ou falta de fé, muitos preferem escondê-lo e, assim, perpetuam a própria vivência de inadequação e desconexão emocional. A falta de verdadeira comunhão torna-se mais um elemento de contribuição para a sensação de perda e de incapacidade no enfrentamento das dificuldades da vida.

As comunidades de fé, que deveriam servir de refúgio de acolhimento e partilha, muitas vezes refletem os mesmos problemas da sociedade: relações diluídas, conexões frágeis e incapacidade de lidar com a dor de maneira coletiva e compassiva. O desafio para a igreja contemporânea é resgatar a essência da verdadeira comunhão cristã, na qual a vulnerabilidade é bem-vinda, os fardos são divididos e a esperança em Cristo transcende as pressões culturais de performance e felicidade superficial.

A visão contemporânea do sofrimento revela a necessidade de resgatar uma compreensão mais equilibrada da experiência humana. Reconhecer o valor da dor, sem glorificá-la, é essencial para uma vida mais autêntica e significativa. O sofrimento não precisa ser eliminado, mas pode ser transformado em uma força que nos molda, ensina e aproxima de uma compreensão mais ampla de nós mesmos e do mundo ao nosso redor.

A psiquiatria e o risco da medicalização do sofrimento

Se, anteriormente, desaprovei a maneira como a espiritualidade contemporânea lida com a dor e o sofrimento preciso, agora devo colocar o dedo na ferida e apresentar como a psiquiatria e as abordagens de saúde mental frente a dor e ao sofrimento também podem sucumbir à busca desenfreada pela felicidade e pela saúde perfeita. Esse assunto é essencial.

Na nossa era, a neurociência tem desempenhado um papel relevante na compreensão do comportamento humano ao revelar aspectos fascinantes

CEGUEIRAS RELIGIOSAS E PSIQUIÁTRICAS AO LONGO DA JORNADA DE SOFRIMENTO **153**

sobre o funcionamento do cérebro. No entanto, há perigo real em reduzir a vida aos processos neuroquímicos, como se fôssemos apenas o resultado de sinapses, hormônios e atividades cerebrais. Essa visão é simplista e ignora a amplitude e a complexidade da experiência humana, que transcende tudo aquilo que pode ser medido pela ciência. A vida envolve dimensões espirituais, relacionais e existenciais que escapam às limitações das ferramentas médicas. Apesar de a medicina e a neurociência serem poderosos recursos para compreender e tratarem muitos aspectos do sofrimento humano, não capturam a totalidade do que é viver. Há uma conexão mais ampla, um propósito mais elevado que aponta para algo além da biologia — algo que envolve o mistério da alma, a transcendência do espírito e a imensidão do significado que buscamos.

É inegável que psiquiatria moderna trouxe avanços significativos na identificação e no tratamento de transtornos mentais. No passado, muitas pessoas sofriam em silêncio, incompreendidas e frequentemente estigmatizadas, por falta de uma linguagem e de ferramentas diagnósticas que reconhecessem os verdadeiros transtornos mentais. Condições como depressão, transtorno bipolar, esquizofrenia e transtorno de déficit de atenção eram vistas, muitas vezes, como fraquezas morais, desvios de caráter ou até possessões demoníacas. O progresso da psiquiatria permitiu que esses quadros clínicos fossem diagnosticados adequadamente, catalogados e compreendidos, de tal maneira que as intervenções fossem mais eficazes e baseadas em evidências científicas. De fato, a psiquiatria moderna foi uma revolução.

A introdução de medicamentos psiquiátricos mais modernos no mercado remodelou o tratamento de transtornos mentais, foi um divisor de águas na história da saúde mental. Antes, muitos pacientes com doenças mentais graves eram institucionalizados em hospitais psiquiátricos por longos períodos, sem perspectiva de reintegração social. Medicamentos eficazes, como os antidepressivos, estabilizadores de humor e antipsicóticos, tornaram possível manejar sintomas incapacitantes e devolver aos pacientes uma chance de vida funcional e digna. Hoje, muitas pessoas que, no passado, seriam consideradas incapazes de trabalhar, estudar ou manter relacionamentos podem desfrutar de uma qualidade de vida muito melhor, podendo exercer atividades laborativas impensáveis décadas atrás.

Tratamentos medicamentosos modernos evitam internações desnecessárias, promovem autonomia, aumentam a produtividade, melhoram a percepção da realidade e possibilitam inclusão social. Dessa maneira, muitos pacientes conseguem retomar seus papéis na família e na sociedade.

De fato, o impacto positivo da psiquiatria vai além do alívio de sintomas; ele ressignifica vidas. Pessoas com transtornos mentais que antes enfrentavam isolamento e rejeição agora têm a oportunidade de se reintegrar à sociedade e de construir uma vida melhor e mais funcional. Para muitos deles, os medicamentos e as intervenções terapêuticas representam a diferença entre o desespero e a esperança, entre a inércia e a realização pessoal. Esse progresso é inegável e deve ser celebrado.

A psiquiatria moderna, porém, não está isenta de críticas. Vivemos em uma época que promove o imperativo da saúde perfeita e o bem-estar pleno como objetivos inegociáveis. Esse ideal não se limita à psiquiatria, mas permeia a medicina como um todo, reforçando o mito de que podemos — e devemos — alcançar um estado de plenitude física, emocional e estética a qualquer custo. Há uma obsessão cultural por evitar o envelhecimento, superar a dor e eliminar o sofrimento, o que pode levar a uma distorção dos verdadeiros limites da medicina.

Na psiquiatria, esse imperativo se manifesta na tendência de transformar sentimentos comuns da experiência humana em condições clínicas que exigem tratamento. Sentimentos como tristeza, frustração ou ansiedade — que muitas vezes são respostas naturais aos desafios da vida — são frequentemente vistos como problemas que precisam ser medicados. O que antes era considerado parte da vivência humana passou a ser rotulado como patológico, de tal maneira a promover a visão de que a felicidade e o bem-estar são direitos a ser conquistados, muitas vezes com o auxílio desnecessário de medicamentos.

Essa medicalização excessiva traz o risco de patologizar aspectos normais da existência humana. Em vez ajudar os pacientes a refletir mais sobre como enfrentar a dor (e a dura realidade de que uma dose de sofrimento faz parte da vida), a psiquiatria moderna, também influenciada por demandas culturais, pode inadvertidamente sugerir que todo desconforto emocional deva ser tratado com remédios. Assim, saímos de extremo — em que muitos sofriam sem qualquer assistência — a outro, no qual quase tudo se torna uma doença a ser medicada. O sofrimento pode ser uma oportunidade de crescimento, aprendizado e resiliência, mas é visto muitas vezes como algo a ser evitado. Esse modo de enxergar a dor priva as pessoas de uma experiência humana essencial.

O cenário formado reflete o que eu disse anteriormente: uma sociedade que, em muitos aspectos, transformou a felicidade e o bem-estar em mercadorias que podem ser adquiridas para alcançar soluções rápidas e acessíveis para problemas complexos. O uso de medicamentos como solução universal pode reforçar a ideia equivocada de que a felicidade pode ser obtida por meio de uma pílula, o que simplifica a complexidade da condição humana e pode levar a um descontentamento generalizado, pois muitas expectativas em relação ao bem-estar são irreais e insustentáveis.

CEGUEIRAS RELIGIOSAS E PSIQUIÁTRICAS AO LONGO DA JORNADA DE SOFRIMENTO **155**

Para exemplificar como essa linha é tensa e tênue podemos refletir sobre a "Bíblia" da psiquiatria: o DSM. O Manual Diagnóstico e Estatístico de Transtornos Mentais (DSM) é uma das ferramentas mais influentes da psiquiatria moderna. Ele padroniza critérios diagnósticos, o que permite aos profissionais de saúde mental de todo o mundo falarem uma linguagem comum, o que tem sido fundamental para a pesquisa científica e o desenvolvimento de tratamentos eficazes. Desde sua criação, o DSM tem sido um marco de reconhecimento e validação dos transtornos mentais pela uniformização da linguagem fundamental para o progresso da medicina.

Entretanto, o crescimento do número de diagnósticos ao longo das edições do DSM levanta questões importantes. Em sua primeira edição, lançada em 1952, o DSM-I apresentava 106 categorias diagnósticas. Já a versão atual, o DSM-5, implementada em 2013 e revisada recentemente, inclui mais de 300 condições, quase o triplo do original. Esse aumento contínuo reflete a ampliação significativa das condições consideradas patológicas.

O crescimento das categorias nos faz questionar: a proliferação de diagnósticos no DSM indica um aumento real dos problemas de saúde mental da população ou representa uma tendência de patologização de comportamentos e experiências cotidianas?

É certeiro afirmar que muitos avanços são decorrentes dessa ampliação, como a inclusão de transtornos antes negligenciados e o reconhecimento de condições que causam grande sofrimento. Contudo, há também o risco de classificar como patológicas situações que, em outros contextos, seriam entendidas como parte natural da vida. Por exemplo, é importante distinguir os sentimentos transitórios de tristeza de um quadro clínico de depressão; ou os momentos de distração de um transtorno de déficit de atenção. Quando a fronteira entre o normal e o patológico começa a diluir, abre espaço para a medicalização excessiva da vida comum.

Em síntese, a ampliação dos diagnósticos traz consigo o perigo de transformar experiências humanas comuns — como luto, ansiedade diante de mudanças ou dificuldades de concentração em contextos desafiadores — em condições clínicas que exigem tratamento. Isso pode levar a uma visão reducionista da vida emocional, que passa a ter como resposta predominante ao sofrimento a busca por intervenções médicas ou farmacológicas que prometem solução mágica e rápida para algo extremamente complexo: a saúde mental humana. Ao focar excessivamente na identificação de transtornos, podemos desviar a atenção de outras formas de suporte, como o fortalecimento de vínculos sociais, psicoterapia, práticas de autocuidado, envolvimento comunitário e a busca por significado em soluções óbvias.

Assim, o crescimento no número de diagnósticos no DSM é um chamado para uma discussão honesta e equilibrada sobre a necessidade de reconhecer e tratar condições que causam sofrimento demasiado, em oposição a cair na armadilha de patologizar todas as dimensões da experiência humana. A psiquiatria deve continuar a ser uma ferramenta de alívio e suporte, sem perder de vista a complexidade e a amplitude da condição humana. Nem todo sofrimento precisa ser curado; muitas vezes, precisa ser compreendido e integrado como parte da jornada da vida.

Como estudamos ao longo deste livro, o sofrimento, em sua essência, é uma experiência que pode nos ensinar, moldar e até ressignificar nossa vida. Ele confronta nossas limitações, nos convida à reflexão e, muitas vezes, nos conecta a algo maior do que nós mesmos. No entanto, na sociedade que transforma o mal-estar em doença, tiramos do sofrimento seu propósito e o reduzimos a uma situação que precisa de correção. Não há mais espaço para viver ou compreender a dor, pois ela é vista como desvio intolerável, uma ameaça à produtividade, a bem-estar e à busca pela felicidade constante. Assim, qualquer sensação que nos tire do estado idealizado precisa ser medicada, neutralizada, eliminada. Aos poucos, sem perceber, nós nos transformamos em máquinas de alta manutenção, incapazes de lidar com a fragilidade da existência. Desaprendemos a lamentar, a chorar e a encontrar beleza na vulnerabilidade e, com isso, perdemos um aspecto fundamental do que significa ser humano.

Para pensar de agora em diante

Para concluir este livro, convido você a abraçar uma visão equilibrada do sofrimento, que respeite tanto a profundidade da espiritualidade bíblica quanto os limites da medicina moderna. O sofrimento não é um desvio de jornada, mas parte inescapável dela. Na perspectiva cristã, a dor carrega um propósito, um significado que nos aponta para a dependência de Deus, para o crescimento espiritual e para a esperança de algo maior no tempo vindouro. No entanto, também precisamos reconhecer que a medicina, com todos os seus avanços, é uma ferramenta valiosa, apesar de não ser a resposta definitiva para todas as aflições da alma.

Sofrer é uma experiência complexa, multifacetada e desafiadora em busca do equilíbrio. É um convite para a reflexão sobre nossa humanidade, nossos limites e nossa relação com o Senhor. O Criador nos lembra que a vida é marcada tanto por momentos de alegria como por períodos de dor. Espero que esta leitura tenha ajudado você a reconsiderar sua visão sobre a dor, a espiritualidade e as promessas ilusórias da felicidade ininterrupta, sem a pretensão de fornecer todas as respostas, pois o tema é vasto e inesgotável. Em vez disso, busco ser um companheiro de reflexão, questionamentos e dores, que o inspire a encontrar sentido e propósito em algum sofrimento que porventura você esteja vivendo hoje.

Ao final desta leitura, sugiro que você reserve um tempo para refletir sobre as seguintes questões:

- Como tenho lidado com a dor e o sofrimento em minha vida?
- Tenho permitido que eles me ensinem algo ou tentado apenas eliminá-los a qualquer custo?
- Minha espiritualidade tem me ajudado a abraçar minha humanidade ou, pelo contrário, tem me levado a negar o que é mais amplo e genuíno em mim?
- Que tipo de apoio busco em momentos de dor: alívio imediato ou entendimento detalhado do que estou vivendo?

O sofrimento, embora difícil de enfrentar, nos torna mais humanos, uma vez que nos ensina a lamentar, a chorar, a ser vulneráveis e ao mesmo tempo mais compassivos, bem como a encontrar significado nas adversidades. Ainda que não seja, tampouco tenha pretendido ser, ser um manual de respostas, neste livro firmei um chamado para abandonar teologias equivocadas e espiritualidades que roubam a humanidade. Fica aqui um convite para que você viva com mais profundidade, autenticidade e sensibilidade, sem fugir da dor, mas encontrando nela uma oportunidade de crescimento.

Meu desejo é que esta jornada tenha conduzido você à redescoberta do valor da dor, da beleza da fé equilibrada e do consolo de uma espiritualidade que respeita quanto o ser humano é complexo. Que, em meio a todo sofrimento, você encontre sentido, esperança e paz. Que você confie que, ainda que o momento seja difícil, há um propósito maior em ação.

Talvez você sinta que sua fé é pequena, fraquejante em face da dor e das lágrimas. Lembre-se que Deus, em sua infinita bondade e justiça, não mede nossa fé pela aparência ou pelas dúvidas que carregamos. Em vez disso, ele olha para o lugar mais remoto do nosso coração, para aquele lugar onde, apesar do sofrimento, ainda existe uma centelha de confiança, mesmo que pequena, na presença e no cuidado divinos.

A fé suficiente não depende de nós; mas é um dom de Deus, sustentado por sua fidelidade. Como a Escritura nos traz à memória: "Se somos infiéis, ele permanece fiel, pois não pode negar-se a si mesmo" (2Timóteo 2:13).

Deus é fiel! Ele nos toma em seus braços apesar de nossa força falha. Ele não exige perfeição, apenas um coração que, até mesmo no sofrimento, se volta para ele. A graça do Pai celeste é suficiente para nos sustentar sempre, inclusive quando nos sentimos incapazes de continuar. Que você encontre consolo nisto: sua fé, ainda que pareça frágil, é sustentada por um Deus imutável e amoroso:

> *"Eu lhes disse essas coisas para que em mim vocês tenham paz. Neste mundo vocês terão aflições; contudo, tenham ânimo! Eu venci o mundo"* (João 16:33)

> *"E eu estarei com vocês todos os dias, até o fim dos tempos" (Mateus 28:20).*

Parabéns por concluir esta jornada de reflexão sobre o sofrimento. Se você deseja aprofundar ainda mais seu entendimento e encontrar caminhos para a superação, tenho uma oportunidade especial para você.

Ao escanear o QR-code abaixo, você terá acesso exclusivo a cursos, treinamentos e encontros ao vivo comigo, Ismael Sobrinho. Juntos, exploraremos estratégias práticas e espirituais para lidar com as adversidades da vida, promovendo uma saúde emocional e espiritual mais equilibrada.

Escaneie o QR-code e embarque nessa jornada de cura e autodescoberta.

Espero encontrá-lo em nossos próximos encontros.

Com carinho,

Ismael Sobrinho

Este livro foi impresso em 2025, pela Vozes,
para a Thomas Nelson Brasil. O papel do miolo
é avena 80g/m², e o da capa é cartão 250g/m².